Gabriele Vallenthin · Das erste eigene Pferd

Gabriele Vallenthin

Das erste eigene Pferd

Reihe: Handbuch für Pferdebesitzer

Müller Rüschlikon

Einbandgestaltung: Anita Ament

Titelfoto: Lothar Lenz

Fotos und Zeichnungen im Innenteil: Gabriele Vallenthin

ISBN 3-275-01225-8

1. Auflage 1997

Lektorat: Carola Nowak
Herstellung: Hermann Lambrecht
Satz: FIBO Lichtsatz GmbH, D-80337 München
Druck: Maisch & Queck, D-70839 Gerlingen
Bindung: Karl Dieringer, D-70839 Gerlingen
Printed in Germany

Inhalt

Zu diesem Buch

Sie möchten endlich ein eigenes Pferd haben? Den Freund für sieben Tage in der Woche, den Feierabendkameraden, den Sport- und Freizeitpartner?

Gekauft ist ein Pferd schnell – zu schnell. Und keiner muß vorher nachweisen, ob er so viel über die Bedürfnisse der Pferde, den Umgang mit ihnen und das Reiten weiß, daß er ein Pferd artgerecht und richtig halten kann, ohne es zu überfordern und ohne ihm zu schaden.

Es wird viel falsch gemacht in unseren Ställen. Neben kleinen Fehlern, die kaum der Rede wert sind, gibt es leider viel zu viele kapitale Böcke, die in der Summe der Grund dafür sind, daß unsere Warmblüter im Durchschnitt nicht älter als zehn Jahre werden. Ein Armutszeugnis für die Pferdehaltung im deutschsprachigen Raum, denn daß Pferde 30 Jahre und älter werden können, ist Fakt.

Oft fehlt der Sachverstand. Alte Zöpfe von der Fütterung über die Haltung bis hin zum Beritt sind immer noch nicht abgeschnitten, und moderne Erkenntnisse – auch ganz, ganz einfache, logische Zusammenhänge – brauchen Jahrzehnte, bis sie sich in den Köpfen der Pferdeleute festgesetzt haben.

Dieses Buch soll Ihnen die Grundlagen für den Besitz eines Pferdes vermitteln – von der Entscheidung zum Kauf bis hin zum letzten Tag mit Ihrem vierbeinigen Partner. Es soll beim Lesen Spaß machen, und es soll Ihnen helfen, Ihre Basiskenntnisse zu vertiefen. Manchmal geht es auch einfach nur darum, die Augen aufzumachen, an einfachen Fakten nicht mehr länger vorbeizusehen und für sich und das eigene Pferd einen Weg zu finden, der beiden gerecht wird und mit dem beide gut leben können.

Neben grundsätzlichen Haltungsfragen werden wir auch auf die Grundlagen der Gesundheit, der Ausrüstung und des Unterrichts, der Fütterung und anderer großer und kleiner Bedürfnisse eingehen. Denn eines ist sicher: Kaum einer, der erstmals ein Pferd erwarb, war sich am Tag des Kaufes der gesamten Tragweite seiner Entscheidung bewußt, und die meisten

Man muß kein Romantiker sein, um den Traum vom eigenen Pferd verwirklichen zu wollen.

Pferdebesitzer haben erst durch eine Menge von Irrtümern einen Weg für sich und ihren Vierbeiner gefunden – durch Irrtümer, die in allererster Linie die Pferde auszubaden hatten.

Geben Sie Ihrem neuen Pferd die Chance, ein Frauchen oder Herrchen zu bekommen, das die Irrtümer auf ein erträgliches Maß zu reduzieren versteht!

Im Gedichtband „Halali und andere Lieder" der Reiterin Tet von Pressentin findet man folgendes Schutzgebet an den Pferdeheiligen St. Leonhardt:

Vor Unbill soll euch schützen St. Leonhardt sein Segen,
Vor Blitzschlag auf der Weide, vor Sturm auf rauhen Wegen,
Vor Knechtes rohem Peitschenhieb, und eures Herren Launen,
Die Fuchsen und die Schimmelein, die Rappen und die Braunen.

(Aus: H. J. Köhler, Pferde – Reiter – Pferdesport, Buch und Zeit Verlagsgesellschaft)

An dieser Stelle möchte ich mich auch bei denen bedanken, die dieses Buch ermöglicht haben und die mir bei der Suche nach den richtigen Antworten immer bereitwillig geholfen haben. Allen voran möge da mein Tierarzt Gregor Preutenborbeck stehen, der sich die Mühe gemacht hat, das Manuskript zu redigieren und auf sachliche Richtigkeit zu prüfen. Ich danke auch meinem Mann Dirk, der mit seinem gesunden Menschenverstand – und von Pferdekenntnissen weitgehend unbelastet – so manchen entscheidenden Beitrag geleistet hat. Mein Dank gilt außerdem Herrn Faßbender von der Firma Canon Europhoto. Ohne seinen persönlichen Einsatz bei der Blitzreparatur meiner Kamera, die natürlich exakt in der heißen Phase den Geist aufgab, wären in diesem Buch nur drei oder vier Fotos zu sehen. Er schaffte es, daß ich den Apparat schon nach vier Tagen repariert wieder abholen konnte.
Zu guter Letzt ein dickes Dankeschön an meine Pferde, an Sa'dan und MisU, Montana und Litla, die meine Versuchs- und Irrtumsphasen in der ihnen eigenen gutmütigen Grundhaltung hingenommen haben und mich so manches Mal durch eindeutige Reaktionen auf den richtigen Weg gebracht haben.

Viel Spaß beim Lesen und viel Erfolg mit Ihrem eigenen Pferd wünscht Ihnen Ihre

Gabriele Vallenthin

Foto: Kim Stubbe

Gabriele Vallenthin ist Inhaberin einer Werbeagentur und arbeitet „nebenher" als Fachjournalistin für Pferde und als freie Cartoonistin. Die erfahrene Pferdefachfrau gibt eine regionale Pferdezeitung heraus und hat bereits mehrere Bücher veröffentlicht. Gabriele Vallenthin lebt mit ihrem Mann, ihren Pferden und ihren Katzen auf einem kleinen Bauernhof in der Nähe von Mönchengladbach.

Tausend gutgemeinte Tips ...

Unabhängig davon, wann Sie welches Pferd erwerben, möchte ich Sie auf eine Besonderheit der Reitsportszene – egal, welcher Disziplin oder Reitweise – aufmerksam machen, mit der Sie besonders als Pferdebesitzer immer wieder konfrontiert werden: Jeder, ausnahmslos jeder Reiter in einem Stall hat seine eigene Meinung und seine eigenen Ansichten, und sobald im Zusammenhang mit Ihrem Pferd ein Problem auftaucht (gesundheitlich oder unter dem Sattel), haben Sie pro Reiter jeweils eine Meinung und mindestens einen konkreten Rat.

Dazu kommt, daß das Sendungsbewußtsein um so höher ist, je weniger Ahnung der Ratgebende hat. Aber auch gestandene Profis vertreten die schauerlichsten Ansichten – Ansichten, die schon durch den gesunden Menschenverstand ad absurdum geführt werden können.

Da kein Mensch alles wissen kann und auch ständig neue Erkenntnisse über unsere Pferde hinzukommen, gibt es gegen dieses Phänomen nur ein einziges Mittel: Sie müssen sich der Verantwortung für Ihr Pferd stets bewußt sein, und Sie dürfen diese nicht abgeben – weder an einen Bereiter noch an einen Stallbetreiber.

Sie sagen, wo's langgeht ... was voraussetzt, daß Sie sich selbst informieren, Bücher lesen, Kurse besuchen und die Augen offen halten. Ihr Pferd kann Ihnen nämlich ganz genau „sagen“, wie es sich fühlt, ob es ausgeglichen und gesund oder traurig und schlapp ist. Sie müssen nur lernen, seine Ausdrucksweise zu verstehen. Es ist klar, daß Sie Ihr Pferd dazu erst einmal kennen müssen, es bedeutet aber auch, daß Sie genau hinsehen, sich mit seinen Bedürfnissen auseinandersetzen und notfalls den Stall wechseln, selbst wenn es für Sie persönlich anders vielleicht bequemer wäre.

Auch wenn Ihr Gegenüber 20 Jahre länger reitet als Sie und schon im Sattel saß, als Sie noch in Planung waren, heißt das noch lange nicht, daß er die Weisheit mit Löffeln gefressen hat.

Entscheidungen vor dem Kauf

Hin und wieder ein bißchen reiten? Damit ist es nicht getan. Nur regelmäßiges Training für Pferd und Reiter, im Idealfall täglich, bringt erkennbare Fortschritte und das nötige Vertrauen zueinander.

Der Blick in den Spiegel

Vor dem Kauf eines Pferdes ist es wichtig, zuallererst sich selbst einer kritischen Bestandsaufnahme zu unterziehen. Schließlich sollten Sie von Anfang an in der Lage sein, Ihr neues Pferd zu reiten, und auch später sollten Sie daran nicht die Lust verlieren. Hinzu kommt, daß Sie als Eigentümer eines Pferdes eine Verantwortung tragen, die weit über das Reiten hinausgeht. Denn als Reiter in einer Reitschule oder auch als Reitbeteiligung werden Sie so gut wie nie vor Entscheidungen gestellt, die die Gesundheit, die Haltung oder die Haftung angehen – Themen, an denen Sie als Besitzer eines Pferdes nicht vorbeikommen.

Ihr reiterliches Können

Hand aufs Herz: Wie gut reiten Sie? Haben Sie Turniererfahrung, sind Sie souverän im Gelände, und reiten Sie auch unterschiedlichste Pferde sicher auf dem Platz und in der Halle? Oder sind Sie erst seit ein oder zwei Jahren dabei? Haben Sie schon Geländeerfahrung? Wie sicher ist Ihr Sitz, wenn das Pferd einmal einen Hüpfer zur Seite macht? Als angehender Pferdebesitzer sollten Sie nicht nur sicher im Sattel sitzen. Deshalb: Wie lösen Sie alltägliche Aufgaben wie das Satteln und Zäumen, das Auskratzen der Hufe und das Führen?

Probe mit Netz und doppeltem Boden

Generell gilt: Wenn Sie bislang ausschließlich stundenweise geritten sind, sollten Sie vor dem Kauf eines Pferdes für einige Monate eine Reitbeteiligung eingehen. Dabei wird Ihnen nämlich sehr schnell klar, wie weit Sie reiterlich sind und welche Defizite Sie beim Umgang mit Pferden haben. Denn Privatpferde sind aufgrund ihres geringeren Arbeitspensums meist munterer, und ein unausgelastetes Pferd stellt Sie vor ganz andere Probleme als ein Schulpferd, das mehrere Stunden am Tag gefordert wird.

Hinzu kommt, daß Sie unter Umständen mit einem Schlag nicht mehr auf den Rat eines erfahrenen Lehrers zurückgreifen können. Wenn Ihr Reitbeteiligungspferd nicht in einer Reitschule untergebracht ist, müssen Sie von einem Tag auf den anderen alle auftretenden Probleme selbst lösen. Nehmen wir allein die Frage, was man ohne entsprechende Kommandos jedesmal auf dem Reitplatz üben soll. Das klingt vielleicht banal, aber wenn Ihnen bisher gesagt wurde, ob Sie eine Volte, einen Zirkel oder Travers reiten sollen, fühlen Sie sich jetzt in der Reithalle auf sich selbst gestellt – mit einemmal wie mit frischem Führerschein ohne Fahrlehrer.

Privatpferde haben häufig auch aufwendigeres Sattelmaterial, anderes Putzzeug – und mitunter mehr oder weniger witzige Angewohnheiten. Damit müssen Sie jetzt alleine zurechtkommen. Stellen Sie deshalb den Kauf eines eigenen Pferdes so lange zurück, bis Sie nicht mehr über einzelne Handgriffe nachdenken müssen. Sie können ja trotzdem schon beginnen, sich nach Pferden umzuhören, die für Sie geeignet sind. Gut Ding will bekanntlich Weile haben.

Der Zeitfaktor

Auch über den im Vergleich zur Reitstunde deutlich größeren Zeitbedarf denken die meisten zu wenig nach – mischen sich derart kritische Überlegungen doch unangenehm in die Euphorie, die einen befällt, wenn man das erste eigene Pferd erwerben möchte. Aber ein Pferd ist nun mal kein Auto, bei dem man nur den Zündschlüssel abziehen muß, wenn man es ein paar Tage nicht braucht, sondern ein Lebewesen, das tägliche Ansprache benötigt. Und selbst wenn es mit dem Reiten nicht klappt: Die Beschäftigung mit dem Pferd ist für sein Wohlbefinden wichtig, es braucht die Gewißheit, daß es eine feste Bezugsperson in seinem Leben gibt. Und das an sieben Tagen in der Woche, 52 Wochen im Jahr ...

Hier einmal eine grobe Aufstellung der benötigten Zeit:

Tätigkeit	**täglicher Zeitbedarf**	**Zeitaufwand pro Woche**
Reitklamotten an- und ausziehen	20 Minuten	2 Std. 20 Min.
In den Stall fahren	30 Minuten	3 Std. 30 Min.
Pferd putzen und satteln	30 Minuten	3 Std. 30 Min.
Eine Stunde reiten	60 Minuten	7 Std.
Absatteln, überputzen	20 Minuten	2 Std. 20 Min.
Box kontrollieren, Futter prüfen, ein paar Möhren schneiden, mit dem Stallnachbarn reden	40 Minuten	4 Std. 40 Min.
Nach Hause fahren	30 Minuten	3 Std. 30 Min.
Insgesamt	**3 Std. 50 Min.**	**26 Std. 50 Min.**

Dabei haben Sie noch keine Minute auf den Schmied gewartet oder mit dem Tierarzt verbracht, kein einziges Mal im Reiterstübchen einen Kaffee getrunken oder einen größeren Ausritt gemacht. Sie haben an keinem Kurs teilgenommen, waren auf keinem Turnier – und nicht in Urlaub. Krank sowieso nicht. Was haben Sie bislang eigentlich jeden Tag mit den annähernd vier Stunden angestellt?
Übrigens: Lebt Ihr Pferd in einem Offenstall mit Auslauf und/oder Weide, so „müssen" Sie natürlich nicht unbedingt täglich reiten. Doch wenn Sie Ihren Vierbeiner körperlich und geistig fit halten möchten, ist regelmäßige Arbeit unterm Sattel auch bei artgerechter Haltung angebracht.

Der Kauf rückt näher

Sie haben jetzt schon einige Zeit eine Reitbeteiligung, sind bei Wind und Wetter ihren Verpflichtungen dem Pferd gegenüber nachgekommen, und aus dem „reiten dürfen" wurde manches Mal ein „reiten müssen". Trotzdem möchten Sie immer noch ein eigenes Pferd? Sagen Sie nicht, Sie seien nicht gewarnt worden!

Welches Pferd ...

Wenn Sie ganz sicher sind, mit einem Pferd auch alleine zurechtzukommen, beginnt die Suche nach einem für Sie geeigneten Vierbeiner. Reitstil und Geldbeutel geben in der Regel die grobe Richtung vor.
Falls Sie mit einer speziellen Rasse liebäugeln, bedenken Sie bitte, daß auch die durchgezüchtetste Rasse noch keine Garantie für das perfekte Pferd ist. Bei allem Engagement der Züchter hat immer noch jedes Pferd seinen eigenen Willen, sein persönliches Profil – und das ist auch gut so.

Charakter und Temperament

Pferde haben unterschiedliche Temperamente und verschiedenartige Charaktere. Jetzt muß die Frage geklärt werden, zu welcher Art von Pferd Sie neigen. Lieben Sie die „heißen Öfen", oder steht Ihnen der Sinn nach einem gutmütigen Kumpel? Möchten Sie von anderen glühend beneidet werden, oder sind Sie der stille Typ, dem Geländereiten über alles geht? Seien Sie so ehrlich wie möglich, denn schon viele Reiter haben ihren Partner Pferd länger gehabt als ihren Ehepartner.
Wir haben versucht, sogenannte „Typologien" zu entwickeln, also detaillierte Beschreibungen von Pferden. Diese Typen sind überzeichnet dargestellt – in 150prozentiger Ausprägung, ähnlich wie Karikaturen. Natürlich sind Mischtypen, also Pferde, die Charaktereigenschaften mehrerer Typen in sich vereinen, häufiger als reine Typen.

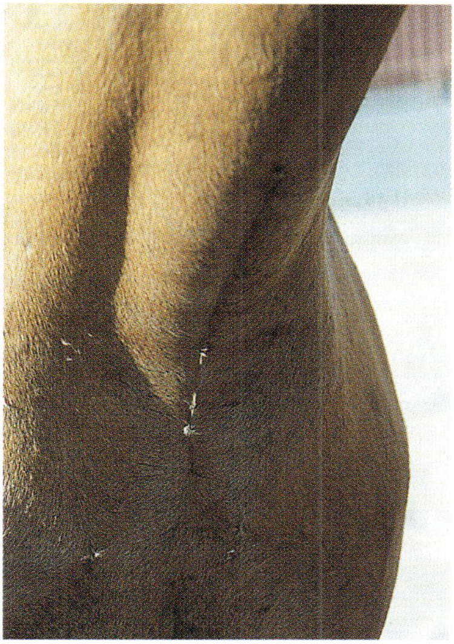

Bei den Arabern war es früher üblich, von der Form, Anzahl und Plazierung der Wirbel auf die Qualitäten des Pferdes zu schließen. Die Fachleute sind da geteilter Meinung – zumal ein „schlechtes" Merkmal noch nicht heißt, daß man ein schlechtes Pferd vor sich hat. Bei Pferden, die eine Art „Reißverschluß" als Wirbel auf der Unterseite des Halses haben, kann man in der Regel von viel Gangfreude ausgehen.

Der Vulcano-Typ: Dieses Pferd steht keinen Moment still, bei allem Neuen wirft es den Kopf hoch und rollt mit den Augen. Seine hohe Aufrichtung läßt es noch edler erscheinen, es ist imposant und fällt auf. Wenn Vulcano in der Halle oder auf dem Platz geritten wird, sind die Zuschauer gefesselt. Zum einen von der Schönheit seiner Gänge, zum anderen von der steten Erwartung, seinen Reiter im Dreck liegen zu sehen. Schadenfreude ist in fast allen Ställen verbreitet.

Einen Vulcano-Charakter sollten Sie nur erwerben, wenn Sie ein sehr guter, nervenstarker und ruhiger Reiter sind, der seine wenigen Hilfen mit feiner Hand und weichem, ausbalanciertem Sitz ans Pferd bringt. Sensible Pferde, die einem guten Reiter den Himmel auf Erden bereiten, werden völlig konfus, gereizt und schreckhaft, wenn ein ungeübter Reiter widersprüchliche Hilfen gibt, selbst nervös oder einfach aus mangelndem Können grob ist. Schwierige Dressurprüfungen sind mit Vulcano noch schwieriger zu gewinnen als mit einem anderen Pferd. Zum einen sorgt seine starke Anspannung für verkürzte Schritte und weniger Losgelassenheit – beides ist den Richtern ein Dorn im Auge. Zum anderen reicht ein knisterndes Papier oder einfach die besondere Tageskondition von Vulcano aus, um die Prüfung gänzlich zu verpfuschen. Das liegt aber auch daran, daß es weit weniger befähigte Vulcano-Reiter gibt als Vulcano-Besitzer.

Zu den Rassen mit vielen Vulcanos zählen die Vollblutaraber, PRE/Andalusier, Lusitanos, Trakehner, Vollblüter, Traber sowie „Blüter-Ponys" wie Welshponys und viele Vertreter des Deutschen Reitponys.

Der Hubert-Typ: Hubert ist ein Gemütspferd. Verfressen, ein bißchen faul, ein bißchen stur. Aber durch nichts zu erschüttern. Hubert nimmt so leicht nichts übel: Auch wenn Sie ihm mal in den Rücken fallen oder Ihre Hilfen zu grob sind – er gibt die Hoffnung nicht auf, daß Sie es doch noch einmal lernen, und bis dahin sieht er Ihnen Ihre Ungeschicklichkeit nach. Hubert wurde vermutlich einmal eine Zeitlang als Schulpferd eingesetzt. Und deswegen kennt er auch alle Tricks seiner Branche: Ecken abkürzen, über die Schulter hereinfallen, in der Mitte des Reitplatzes anhalten und nicht mehr weiter wollen ... Er hat alles gesehen und alles probiert. Warum also sollte er jetzt bei Ihnen eine Ausnahme machen? Probieren wird ja noch erlaubt sein. Doch seien Sie ihm nicht böse – im Grunde lebt Hubert nach der Devise: leben und leben lassen, und in seinem großen Herzen hat er schon einen Platz für Sie reserviert. Hubert ist das ideale Pferd für ängstlichere Naturen, die mit ihrem Vierbeiner die Natur genießen und ein bißchen schmusen wollen. Die davon träumen, ihren Liebling mit Leckerbissen zu verwöhnen, und die sich ein Pferd wünschen, mit dem drei Generationen einer Familie zurechtkommen können.

Huberts sind überwiegend große Warmblüter oder Kaltblutmixe, also schwerere Pferde. Die Gelassenheit dieses Pferdetyps beruht zu einem großen Teil auch darauf, daß es das Pferd Kraft kostet, seine eigene Masse zu bewegen. Und es wird Sie nicht minder Kraft kosten, Huberts Masse in Bewegung zu setzen!

Der Mäuslein-Typ: Mäuslein ist ein Pferd, das eigentlich Huberts Nervenstärke hätte, wenn es nicht irgendwann einmal die Erfahrung gemacht hätte, daß es viel vergnüglicher ist, sich wie Vulcano zu benehmen. Mäusleins benötigen eine konsequente, liebevolle Erziehung, der es ab und zu aber auch nicht an Nachdruck fehlen sollte. Mäusleins entwickeln sich unter guten Reitern, die jeden Tag Kooperation verlangen, zu erstklassigen Freizeit- oder Turnierpferden. In den Händen von schlechten Reitern, Anfängern und Besitzern, die es immer nur gut meinen, werden sie leicht zu Bucklern und Beißern, Durchgängern und Steigern. Mäusleins zeichnen sich vor allem durch mangelnden Respekt aus, der sich in Umrempeln, Schnappen, Drängeln, Betteln, Zerren und so weiter äußert.

Mäusleins kommen in allen Rassen vor, sind aber überwiegend bei Pferden mit einem Stockmaß unter 165 Zentimetern zu finden – wohl, weil kleinere Pferde noch mehr Pony- oder Vollblutanteile haben als reine Warmblüter. Dieser

Pferdetyp wird besonders häufig gekauft, weil es „Liebe auf den ersten Blick“ war.

Der Liebchen-Typ: Liebchen ist das richtige Pferd für Menschen, die auf der einen Seite gerne reiten, sich auf der anderen Seite aber auch „einfach so“ mit ihrem Pferd beschäftigen wollen. Und Liebchen dankt es seinem Besitzer, indem es sich voll auf ihn fixiert. Für ihn geht dieses Pferd durch dick und dünn, es kommt auf Pfiff von der leckeren Weide, wiehert, wenn es sein Auto hört und findet es klasse, einfach nur überall dabeizusein. Liebchen gibt sich im Viereck richtig Mühe, und wenn es im Gelände erschrickt, dann nur kurz: Schließlich kennt es die Pflichten in seinem Job. Liebchen hat den berühmten „will to please“: den Wunsch, alles richtig zu machen und seinem Besitzer zu gefallen. Solche Pferde verkümmern aber, wenn man sie nicht fordert und nicht genügend Zeit investiert. Sie sind ideale Pferde für junge Mädchen – denn einem Liebchen kann man jedes Kunststück beibringen, und den ersten Liebeskummer hört es sich mitfühlend an.
Auch Liebchens gibt es in allen Rassen, wenngleich man diesen „will to please“ vor allem Quarter Horses und ihren bunten Verwandten, den Paints, nachsagt.
Beim Kauf erkennt man diesen Typ daran, daß die Pferde zutraulich und gleichzeitig vorsichtig sind. Sie lassen sich überall anfassen, sind aufmerksam und reagieren auf leichtes Antippen mit Ausweichen. Ein intelligentes Pferd kann man aber auch mit Ruhe, Konsequenz und viel, viel Zeit zum Liebchen erziehen. Pferde dieses Typs sind die Belohnung für Pferdebesitzer, die im richtigen Moment zu loben oder zu strafen verstehen, die beides mit Maß und Köpfchen tun und die das haben, was man „Pferdeverstand“ nennt ... und neuerdings als „Horsemanship“ bezeichnet.

Man kann es sich aber auch ganz einfach machen, indem man nur zwischen den „normalen“ Pferden und Problempferden unterscheidet. Letztere bilden ein namenloses Heer, und sie wurden wirklich alle und ohne Ausnahme von Menschen zu Problempferden gemacht. Pferde, die mißhandelt, überfordert, ausgelaugt und geschlagen wurden, reagieren auf unterschiedlichste Art. Solche Pferde wehren sich, werden also zu extremen Beißern und Schlägern, gehen in der Box auf Menschen los, quetschen sie an die Wand und greifen beim Longieren und Reiten bedingungslos an – oder ihr Verhalten schlägt ins Gegenteil um, und sie geben sich auf. Dann sind sie extrem scheu und verweigern jede Kontaktaufnahme zum Menschen. Ihre unsachgemäße Haltung, ihre oft jahrelange Einzelhaft in dunklen Boxen ohne Artgenossen und ohne Bewegung quittieren sie mit sogenannten „Unarten“ wie Koppen und Weben, mit Hilfeschreien einer gequälten Seele.

Problempferde gehören nur in die Hände von Menschen mit großer Erfahrung und mit viel Zeit, in artgerechte Haltung und in Pferdegesellschaft. Und leider muß man sagen, daß es weniger schwere Unfälle mit Pferden gäbe, wenn Problempferde nicht in den Händen von Reitern landen würden, die ihre Fähigkeiten überschätzen und sich als „Pferdebezähmer“ profilieren wollen.

Man konnte und kann immer wieder feststellen, daß so manches Problempferd zu einem ganz „normalen“ Pferd wurde, wenn es das Glück hatte, in einem Offenstall mit Weidegang und Pferdegesellschaft Unterschlupf zu finden, bei einem konsequenten, liebevollen Besitzer und leistungsgerechter Fütterung. Schon mancher „Totschläger“ wurde – durch jahrelange gute Erfahrungen – wieder zu dem friedliebenden Wesen, als das es auf die Welt kam.

Das Leistungsprofil

Erstellen Sie für Ihr potentielles neues Pferd ein Leistungsprofil. Suchen Sie den Grand-Prix-Crack, das turnierfertige, erstklassig ausgebildete Pferd, oder wollen Sie alles selbst machen – mit dem Risiko, auch viel falsch zu machen? Mehrere Anforderungs-Variablen ergeben für jeden Reiter ein individuelles Pferdeprofil:

Variable 1: Sie selbst und Ihr derzeitiger Standard. Für Anfänger gilt, daß das Pferd deutlich mehr können sollte als sein neuer Besitzer, damit dieser von seinem Vierbeiner lernen kann. Voraussetzung dafür ist, daß beide unter Anleitung und Aufsicht bleiben, damit der Ausbildungsstand des Pferdes soweit wie möglich erhalten bleibt

Süß sind sie ja, die Pferdebabys. Aber wer kann schon mit Sicherheit sagen, ob der kleine Racker als erwachsenes Pferd einen zuverlässigen Kameraden abgibt oder einen Satansbraten?

und damit sich nicht Unarten einschleichen, die später schwer zu korrigieren sind.
Gute Reiter tendieren dazu, ein rohes, noch nicht angerittenes Pferd zu kaufen, um es von Anfang an richtig auszubilden. Der wichtigste Aspekt dabei: Ein rohes Pferd kann auch noch nicht verdorben worden sein. Doch neben der Chance, den „Rohling" zum Klassepferd auszubilden, besteht natürlich auch die Gefahr, das Pferd gründlich zu verderben. Gerade hier kommt es auf die korrekte Einschätzung der eigenen Fähigkeiten an.
Dann gibt es noch die Möglichkeit, einen Absetzer zu erwerben, ihn in einer Aufzuchtherde unterzubringen und in der Zwischenzeit mit Hochdruck vernünftig reiten zu lernen. Diese verlockende Variante birgt einerseits das Risiko des Totalverlustes, denn bei weitem nicht alle Absetzer werden überhaupt vier Jahre alt. Gerade Jungpferde sind besonders anfällig für Infektionen und kommen überdurchschnittlich oft durch Unfälle ums Leben. Zum zweiten bedarf es eines guten Auges, um aus einer Herde von Fohlen das zukünftige geeignete Pferd herauszupicken. Und drittens ist diese Möglichkeit die mit weitem Abstand kostenträchtigste: Zum – zugegebenermaßen niedrigen – Kaufpreis kommen schließlich die Ausgaben für drei Jahre Pension und Futter, für Impfungen, Wurmkuren und Hufschmied hinzu. Vom Tierarzt, der durch Krankheiten oder Unfälle nötig wird, einmal ganz zu schweigen. Und das alles für ein Pferd, von dem man vorerst noch „nichts hat".
Zu guter Letzt ist noch ein Blick in den Spiegel nötig: Sind Sie groß oder klein, ein Fliegengewicht ... oder keines? Auch diese Faktoren sind wichtig – denn das Pferd soll Sie ja auch tragen, ohne unter Ihnen zu leiden, und Sie möchten ihm anständige Hilfen geben können – was bei einem Pferd, das seinem Reiter viel zu groß oder viel zu klein ist, schwierig bis unmöglich ist.
Bedenken Sie, daß hier auch die Rassezugehörigkeit des Pferdes eine Rolle spielt. Ob ein Pferd zu Ihnen paßt, hängt weniger von seiner Körpergröße ab als von seinen Proportionen, seinem Kaliber. So sehen erwachsene Männer auf Isländern, die nur 135 Zentimeter groß sind, nicht lächerlich aus, weil das Volumen der Pferde „paßt" und die Proportionen stimmen. Bei schmalen, leichten Pferden wie Vollblutarabern dagegen wirken schon manche Frauen mit nur ein paar Pfündchen mehr „zu groß" – die gleichen Frauen, die auf einem Quarter Horse mit weniger Stockmaß schmächtig aussehen.
Auch die Reitweise ist wichtig: Bei „englisch" gerittenen Pferden sollte die Ferse beziehungsweise der Sporn das Pferd ohne Anziehen

Oben: Dieses Pferd ist für seine Reiterin eindeutig zu groß: Ihre Beine kommen gar nicht richtig zum Einsatz.

Unten: Ein Pferd, das für die gleiche Reiterin schon wesentlich besser geeignet ist. Die Proportionen passen zueinander.

der Beine erreichen können, doch der Vierbeiner sollte auch nicht in Rippenhöhe touchiert werden. Bei Westernpferden, die mehr mit Gewichtshilfen und Druck der Beine gearbeitet werden, sind längere Reiterbeine kein so großes Problem, wenn sie nicht gerade unterm Pferdebauch baumeln. Isländer werden dagegen mit Sitz und Gerte, nicht mit den Absätzen getrieben. Hier sollen die Beine des Reiters nur so kurz sein, daß sie das Pferd nicht bei den Gangaktionen stören. Nehmen Sie beim Kauf einen erfahrenen Reiter mit, der Ihnen als neutraler Beobachter sagt, ob das Pferd von der Größe her zu Ihnen paßt.

Variable 2: Das verfügbare Kapital. Wieviel Geld können Sie für ein Pferd ausgeben? Die Zugehörigkeit zu einer bestimmten Rasse wirkt sich ebenso aufs Portemonnaie aus wie der Ausbildungsstand oder allein die Farbe. So sind dunkle Andalusier wahre Perlen ihrer Zucht – und entsprechend teuer -, bei den Westernpferden kostet ein Schecke oder Buckskin (Falbe) ein erkleckliches Sümmchen mehr als ein brauner oder fuchsfarbener Kollege. Ähnliches gilt für erstklassige Tölter oder Pferde aus bestimmten Blutlinien – unabhängig von ihrer Eignung als Reitpferd.

Besondere Wünsche müssen eben extra bezahlt werden – das kennen

Sie ja von der Sonderausstattung Ihres Pkws.

Ein für die Klasse E (Einsteiger) ausgebildetes Pferd ist billiger als ein E-plaziertes Tier, und so schraubt sich der Preis mit jedem Sieg in Reit- oder Zuchtwettbewerben hoch und höher. Zweijährige Hengste sind meist billiger als zweijährige Wallache, denn die Kastration kostet Geld und birgt ein gewisses Risiko. Für den Kaufpreis eines gekörten, leistungsgeprüften Hengstes – wenn ein solcher Hengst überhaupt zum Verkauf steht – könnten Sie dagegen auch einen Luxusklassewagen erwerben. Problempferde sind billiger als „normale", Schulpferde meist preiswerter als solche aus privater Hand, und Pferde ohne Papiere bekommt man fast hinterhergeworfen.

Es lohnt sich auch, Pferde zu prüfen, die „umstandshalber", also wegen Baby, Studium, Arbeitslosigkeit oder Gesundheitsproblemen, verkauft werden. Hier geht oft „Platz vor Preis", denn solche Verkäufer haben ihr Pferd meist so ins Herz geschlossen, daß sie sich für dessen Zukunft verantwortlich fühlen und den Verkauf nicht primär unter finanziellen Gesichtspunkten betrachten.

Bedenken Sie, daß neben den Anschaffungskosten für das Pferd auch noch Ausgaben für Sattel, Zaumzeug, Decken, Halfter, Stricke – kurz, für die ganz normale Ausrüstung – auf Sie zukommen. Es gibt viel zu viele teure Pferde, die mit schlecht sitzenden Sätteln und morschen Zügeln verkauft werden, nur weil die alten Besitzer dafür kein Geld mehr ausgeben wollten.

Variable 3: Ihre Ziele. Was haben Sie mit Ihrem Pferd vor? Soll es nur Ihrer Entspannung dienen, oder träumen Sie von Turnierschleifen? Denken Sie daran, daß Sie Ihr Pferd auch in zehn Jahren noch reiten möchten. Sind Sie dann wohl reiterlich so weit gekommen, wie Sie sich das heute vorstellen? Werden nur Sie das Pferd reiten, oder soll auch der Rest der Familie damit Spaß haben?

Variable 4: Die Möglichkeiten der Unterbringung. Sogar der Reit- oder Pensionsstall, in dem Sie Ihr Pferd unterbringen können und

Von den Kosten eines Pferdes ...

Was kostet ein Pferd? Ein Pferd kostet so viel, wie der Doll dafür zahlt. (Die rheinische Version von: „Jeden Tag steht auch ein Dummer auf.")

Wer eine Ovalbahn in der Nähe hat, für den kann's auch ein tolles Gangpferd sein.

möchten, muß bei den Überlegungen vor dem Kauf berücksichtigt werden. Leben Sie in einer Region, in der es Reitställe zuhauf gibt, so können Sie diesen Punkt überspringen. Doch gerade in ländlichen Gebieten hat man oft nicht die Auswahl, die man sich wünschen würde. Die Reitanlage mit ihren Trainingsmöglichkeiten sollte unbedingt zu Ihnen und Ihrem Pferd passen – und umgekehrt. Es wäre völliger Unsinn, beispielsweise ein top ausgebildetes Turnierpferd zu erwerben, wenn Ihnen auf der Reitanlage Ihrer Wahl gar keine Halle zur Verfügung steht, in der Sie mit Ihrem Pferd auch im Winter ungestört trainieren können.
Andererseits sollten Sie nur dann ein Robustpferd erwerben, wenn Sie ihm einen Offenstall mit Pferdegesellschaft bieten können – wobei sich übrigens auch jedes andere Pferd über eine solche Haltung freut.

Sie sehen, es gilt eine Menge Überlegungen anzustellen und viele Faktoren gegeneinander abzuwägen. Was für den einen das Glück auf Hufen bedeutet, kann für den anderen etliche Jahre Verdruß mit sich bringen.
Machen Sie sich deshalb schon im Vorfeld Gedanken über Ihre Wünsche und Ziele, über Ihre Einstellung und Ihre Fähigkeiten – noch bevor Sie auf irgendwelche Annoncen und Offerten reagieren.

Seien Sie so ehrlich zu sich selbst, wie Sie nur können, denn die Quittung für eine eventuelle Fehlentscheidung bekommen Sie ... und das Pferd, das Sie unter falschen Voraussetzungen erworben haben.

Männlein oder Weiblein?

Als erstes Pferd einen Hengst zu kaufen und ihn nicht kastrieren zu lassen, sollte man nur in Erwägung ziehen, wenn man über Jahre hinweg sehr, sehr viel Erfahrung mit Pferden gesammelt hat und darüber hinaus auch für die weitere Zukunft eine artgerechte Haltung in der Herde gewährleisten kann. Einzelhaft, womöglich ohne Weidegang, nur weil das Pferd seinen Geschlechtstrieb ausleben möchte, ist die reine Tierquälerei. Wenn Sie nicht gerade einen eigenen Hof haben und geeignete Beistellpferde dazu, ist es in der Regel besser, sich für einen Wallach oder eine Stute zu entscheiden.

Wallache sind im Umgang meist einfacher als Stuten, denn der „gekappte" Geschlechtstrieb sorgt für ein besseres seelisches Gleichgewicht. Allerdings: Ist der Wallach nicht mehr reitbar, landet er oft beim Schlachter. Eine Stute dagegen kann in einem Zuchtbetrieb noch einige schöne Jahre verleben, sofern sie entsprechend gute Papiere hat und ihre Gesundheitsprobleme weder vererblich sind noch während der Trächtigkeit Schmerzen auslösen.

Der Blick ins Portemonnaie

Bevor Sie, angesichts des bevorstehenden Pferdekaufs berauscht und selig, loslaufen und den Wunsch in die Tat umsetzen, sollten Sie bedenken, welche Ausgaben auf Sie zukommen. Haben Sie an die notwendige Ausrüstung gedacht – vom vernünftigen, gut sitzenden Sattel über Zaumzeug und Gebiß bis hin zu Pferdedecke und Gamaschen – und an eine eventuelle Aus- oder Weiterbildung des Pferdes?

Vom Tag des Erwerbs an haben Sie höhere laufende Kosten als bisher. Die Stallmiete alleine ist es ja noch nicht. Rechnen Sie den Hufschmied dazu, Vitamin- und Mineralfutter, Wurmkuren, Impfungen und – das ist leider immer drin – Tierarztkosten in manchmal astronomischer Höhe. Jeder Tierarzt kann ein Lied davon singen, wie oft mit „den letzten Kröten" ein Pferd angeschafft wurde – und beim ersten Problem, das am Horizont auftauchte, stand ein Notverkauf mehr in der Zeitung. Von den Schulden beim Tierarzt, beim Stallbesitzer und im Reitsportgeschäft einmal ganz abgesehen.

Deswegen: Erst mit ganz spitzem Bleistift kalkulieren, nichts vergessen – und dann kaufen!

Vielleicht möchten Sie auch zu Wochenendritten aufbrechen oder an Turnieren teilnehmen. Und all

Laufende Kosten

• Stallmiete: monatlich	circa 350 bis 800 DM
• Schmied: etwa alle sechs Wochen	zwischen 40 DM fürs Ausschneiden und 160 DM für Vollbeschlag
• Impfungen: etwa alle neun Monate	120 DM
• Material (Putzzeug erneuern, Leder reparieren etc.): jährlich	circa 300
• Pflegemittel je nach Kauflust: jährlich	circa 200 DM
• Zusatzfutter (Möhren, Äpfel, Salzleckstein): monatlich	circa 50 DM

Dazu kommen Ausgaben für Reitstunden und Lehrgänge. Und nach dieser Rechnung war Ihr Pferd noch keinen einzigen Tag krank. Laut Statistik muß aber bei jedem Pferd zweimal im Jahr der Tierarzt kommen: wegen einer Verletzung, einer Erkältung, eines stark entzündeten Insektenstichs oder einer Kolik ... Die Liste ist lang. Das bedeutet aber, daß Sie entweder entsprechende Ersparnisse in der Hinterhand haben oder aber in der Lage sein sollten, für eine gewisse Zeit monatlich rund 200 DM als stille Reserve zurückzulegen.

das kostet immer mehr, als man erst vermutet. Dennoch: Reiten ist keineswegs ein Elitesport. Verglichen mit Skifahren oder Tennisstunden ist Reiten – auf die (mögliche) Stundenzahl umgerechnet – ein richtig billiges Hobby.

Die Wahl des Stalles

Es gibt viele Leute, die behaupten, die meisten Pferdehaltungen seien pure Tierquälerei – und leider haben sie damit oft genug recht.
Sie glauben das nicht?
Erinnern wir uns daran, wo das Pferd ursprünglich herkommt und wie es von Anbeginn gelebt hat: Es ist ein Steppentier und auf einen Herdenverband angewiesen, um in freier Wildbahn zu überleben. Das Pferd ist dazu bestimmt, mit seiner Herde von Weideplatz zu Weideplatz zu ziehen, an dürren Gräsern zu zupfen und täglich große Strecken zurückzulegen. Bevor der Mensch seine Lebens-

weise zu bestimmen begann, fraß es den ganzen Tag, was letztlich auch nötig war, um den Energiebedarf bei magerem Futterangebot und ständiger, leichter Bewegung zu decken. Zur Entspannung nahm es ein Staub- oder Schlammbad, betrieb mit befreundeten Herdengenossen ausgiebig Fellpflege und genoß die Freiheit.
Die Psyche, das Skelett und der Organismus des Pferdes sind für diese Art zu leben geschaffen, und ein solches genetisch verankertes Grundmuster ändert sich nicht innerhalb einiger tausend Jahre, nur weil der Mensch die Welt nach seinen Bedürfnissen umgestaltet hat.
Die Haltung, die wir unserem „Freund Pferd" statt dessen bieten, stinkt häufig regelrecht zum Himmel: Bei uns stehen die Pferde oft 23 Stunden lang in einer Box, die ihnen vom Größenverhältnis her gerade mal so viel Platz bietet, wie ihn ein Dackel in vier Bierkästen finden würde. Diese Pferde bekommen täglich zwei bis drei äußerst energiehaltige Mahlzeiten und bei weitem nicht immer eine ausreichende Menge Rauhfutter. Viele Pferde in unseren Ställen kommen nach ihrer Jugendzeit weder jemals wieder auf eine Weide, noch dürfen sie ihren natürlichen Bewegungsdrang in einem Paddock ausleben. Pferdegesellschaft gibt es bestenfalls auf Sichtweite. Werden diese armen Tiere geritten, dann gönnt man ihnen selten genügend Aufwärmzeit, um die durch das Stehen steifen Gelenke zu schmieren. Vielmehr müssen sie in kürzester Zeit Höchstleistungen erbringen, um anschließend die endlosen Stunden bis zum nächsten Tag wieder in Einsamkeit und Stumpfsinn zu verbringen.
Entsprechend anfällig sind unsere sogenannten „Sportpferde" dann auch für Schäden an den Beinen, am Herz-Kreislauf-System und an den Atmungsorganen – von den psychischen Schäden einmal ganz abgesehen.

Mindestanforderungen an den Stall

Welche Anforderungen Sie an einen Stall stellen, in dem Sie sich wohl fühlen können, hängt von Ihren Ambitionen und Ihrem Naturell ab. Faktoren wie die Nähe zur Wohnung oder zum Arbeitsplatz, das Unterrichtsangebot, die Kosten, die Ausstattung mit Halle und/oder Reitplätzen, das Ausreitgelände, das Reiterstübchen und nicht zuletzt die anderen Reiter sind ausschlaggebend dafür, ob Sie die Zeit mit Ihrem Pferd in einem Umfeld verbringen können, das Ihren Wünschen entspricht. Für Ihr Pferd sollten Sie darauf achten, daß zumindest seine wesentlichen Grundbedürfnisse erfüllt werden (mehr zum Thema Stall ab Seite 118).
Unterschätzen Sie diese Überlegungen vor dem Pferdekauf nicht! Wenn Sie nämlich selbst bei reger

Die Atmosphäre muß stimmen

Unterschätzen Sie bei der Entscheidung für den einen oder anderen Stall auch nicht das Maß an Selbstbestimmung, die hier möglich ist. Es gibt immer noch Betriebe, in denen die Pferde nur Hafer, Pellets und Heu bekommen – wobei der Reitstallbesitzer oder Landwirt die Menge festlegt. Wenn Stehtage und feste Stallzeiten Ihren Bewegungsspielraum einschränken oder wenn eine trinkfeste Clique das Klima verdirbt, sollten Sie sich nach einem anderen Stall umsehen.

Suche nur traditionelle Reitställe finden, dann können Sie den Wunsch nach einem Isländer, der Offenstall und seinesgleichen benötigt, begraben. Verwerfen Sie den Gedanken, mit einem Isi in einem normalen Warmblutstall einzuziehen. Da kann er noch so erstklassigen Tölt gehen, Turniercrack oder FEIF-Champion sein: Für die meisten Warmblutpferdereiter sind Isis kleine, struppige Ponys, auf die sie nie im Leben ihre erlauchten Hintern setzen würden. Aber auch als Westernreiter ist es mitunter nicht sehr lustig, sich nur mit „Englischreitern" unter einem Dach zu befinden. Da letztere meist nur ihre eigenen reiterlichen Standards kennen (also das Reiten mit ständiger Anlehnung, mit viel Kreuz und Schenkeln und dem Ziel, möglichst viel Raumgriff zu entwickeln), ist das Westernreiten in ihren Augen oft reine Stümperei, und entsprechend herablassend wird man Ihnen unter Umständen begegnen. Zum Trost sei gesagt, daß sich die Zeiten schon gewaltig geändert haben. Heute liebäugeln schon so viele traditionelle Englischreiter mit der Anschaffung eines Westernsattels, daß die Fronten weitgehend aufgebrochen sind.

Recherchieren Sie also, welche Unterbringungsmöglichkeiten es in Ihrer Umgebung gibt, und beziehen Sie den Stall Ihrer Wahl in Ihre Kaufentscheidung mit ein.

Westernreiten gilt bei vielen Englischreitern als reine Stümperei – egal, wie locker das Pferd geht.

Wer suchet, der findet

Sie wissen jetzt genau, welches Pferd Sie haben möchten? Dann ist der Zeitpunkt gekommen, sich über das *Wie?* Gedanken zu machen.

Ihr Traumpferd?

Bitte halten Sie sich das vorangegangene Kapitel vor Augen. Bevor Sie zu suchen beginnen, müssen Sie genau wissen, wie Sie sich Ihr zukünftiges Pferd vorstellen. Sie müssen sich also anhand Ihres Pferdeprofils schon fast Ihr Wunschpferd ausmalen können. Auf jeden Fall sollten Sie in der Lage sein, genau zu beschreiben, was Ihr Pferd können muß und was es mit diesem Können kosten darf. Sie sollten eine klare Vorstellung davon haben, was für ein Pferd Ihren reiterlichen Fähigkeiten entspricht und wovon Sie besser die Finger lassen.

Wenn es Ihnen schwerfällt, Ihr eigenes Können exakt einzuschätzen, sollten Sie Ihren Reitlehrer oder einen anderen guten Reiter mitnehmen, der Sie vor einem eventuellen Fehlkauf bewahrt. Lassen Sie auch Ihren Begleiter probereiten, denn ein erfahrener Reiter kann sich schneller ein Bild vom Ausbildungsstand eines Pferdes machen – und davon, welcher Charakter sich hinter den sanften Augen verbirgt.

So finden Sie Ihr Pferd

Sind Sie nicht gerade von Ihrem Reitschul- oder Reitbeteiligungspferd so angetan, daß Sie es kaufen wollen, oder steht es nicht zum Verkauf, so müssen Sie sich auf dem freien Markt umsehen. Das ist angesichts des enormen Angebots und der sprichwörtlichen Ehrbarkeit des Pferdehandels nicht ganz einfach. Beginnen Sie damit, allen Bekannten, die auch nur am Rande mit Pferden zu tun haben, von Ihrem Vorhaben zu erzählen – und wundern Sie sich nicht, wenn schon hier eine Welle von Angeboten über Sie hereinbricht. „Versuch

Goldene Regeln beim Pferdekauf

1. Lassen Sie sich vom Verkäufer nicht unter Zeitdruck setzen. Nie, nie, nie. Schilder in Verkaufsbüros mit so sinnigen Sprüchen wie „Das Pferd, das Sie heute besichtigen, um es morgen zu kaufen, ist das gleiche, das ein anderer schon gestern besichtigt hat, um es heute zu kaufen“, quittieren Sie gedanklich mit einem Rotstift und der Bemerkung: „Dreist!“
2. Sehen Sie sich Ihr potentielles neues Pferd über mehrere Tage hinweg an.
3. Wenn Sie nicht ein erstklassiges Zucht- oder Turnierpferd von überragender Qualität suchen, müssen Sie nicht durch die halbe Weltgeschichte reisen. Es gibt sicher eine Menge Pferde in Ihrer Nähe, die zu Ihnen passen würden und die Ihnen gefallen. Ein Verkäufer, der in Ihrer Nähe wohnt, ist eher geneigt, (fast) die ganze Wahrheit zu sagen, da er davon ausgehen muß, daß Sie ihm irgendwann doch auf die Schliche kommen, wenn er Sie kraß anlügt. Zumindest ist das wahrscheinlicher, als wenn zwischen Ihnen und ihm Hunderte von Kilometern liegen.
4. Lassen Sie eine Ankaufsuntersuchung machen und legen Sie deren Umfang zusammen mit Ihrem Tierarzt fest.
5. Glauben Sie nicht unbedingt alles, was der Verkäufer über das Pferd erzählt, und gehen Sie in Deckung, wenn so Sätze fallen wie: „Sie mit Ihrem exquisiten Geschmack ...“ oder: „Eine Frau mit Ihrer Ausstrahlung ...“ *Vorsicht!*
6. Versuchen Sie möglichst, einen anderen Pferdebesitzer in dem Verkaufsstall ein bißchen auszufragen. Sie erfahren hier unter Umständen interessante Dinge – zum Beispiel, daß das Pferd zu Koliken neigt, daß es letztes Jahr mehrere Monate lahm gegangen ist – oder aber auch, daß Ihr „Informant“ dieses Pferd gerne selbst kaufen würde, wenn er es sich leisten könnte. Vielleicht können Sie auch ein paar Jugendliche „ausquetschen“ – sie bekommen mehr mit als die Erwachsenen und geben meist offener Auskunft. Sie finden das schäbig? Ist es aber gar nicht! Letztendlich hat ein ehrlicher Verkäufer nichts zu verlieren, wenn Sie andere Leute befragen. Es soll übrigens gar nicht so selten vorkommen, daß auch Kinder gewisse Begünstigungen als „Provision“ erhalten, wenn sie zum Verkauf eines Pferdes beigetragen haben. Ja, ja, die Welt ist schlecht.

macht klug ..." – gucken Sie sich also alle angebotenen Pferde an. Sie werden erstaunt sein, wie viele Pferde allein in Ihrer direkten Umgebung zum Verkauf stehen. Auch Turniere und Zuchtschauen sind gute Anlässe, um das eigene Ansinnen unters Volk zu bringen. Wichtig ist nur, daß Sie die Ruhe bewahren und nicht gleich das erste Pferd kaufen, das man Ihnen zeigt. Sie werden auf diesem Weg mit der Zeit auch erfahren, wo gute Pferde angeboten werden, welchen Händlern Sie besser nicht über den Weg trauen sollten und welche Privatleute eigentlich zu wenig Zeit für ihre Pferde haben. Ohren auf und nichts vergessen ... und schon sind Sie Ihrem Traumpferd ein Stückchen nähergekommen.

Pferdemärkte

Als Laie sollten Sie von dieser Möglichkeit des Pferdekaufs unbedingt Abstand nehmen. Bei den meisten Pferdemärkten ist ein Ausprobieren nicht möglich. Und ist der Kauf erst mit dem berühmten Handschlag besiegelt, so gibt es kein Zurück mehr. Meist hat man keine Möglichkeit, einen Vertrag auszuarbeiten, eine Ankaufsuntersuchung in Auftrag zu geben und das Tier ausführlich in der Bewegung und an der Hand zu begutachten – zu groß ist der Kaufdruck. Zudem sind gerade Pferdemärkte immer noch als Umschlagplätze für „heiße" Ware beliebt, und es wäre schließlich fatal, wenn sich das eben erstandene Pferd als gestohlen erweisen würde. Also: Hände weg von Pferdemärkten. Während Sie auf der Suche nach einem Pferd sind, sollten Sie auch nicht hingehen, um sich „nur so" und „rein interessehalber" umzusehen. Von einem Mitleidskauf profitiert in der Regel nur der Händler.

Pferdehändler

Davon gibt es solche und solche, wie in jedem Berufsstand. Vorsicht ist vor allem bei Sonderangeboten angebracht. Das gilt für jeden Pferdekauf, doch ganz besonders für

Selbstgemachter Kaufdruck

Da man, wenn man schon zum Pferdemarkt fährt, ja damit rechnen muß, dort „sein" Pferd zu finden, ist es nötig, einen Anhänger mitzunehmen. Denn nach dem Kauf ist es Ihr Problem, wie Sie das Pferd nach Hause bringen. So ist das bei Pferdemärkten. Der Umstand, daß man extra einen Transporter angehängt hat und damit durch die Lande geschaukelt ist, setzt aber selbst Menschen mit viel Beherrschung ganz gewaltig unter Kaufdruck.

Bei Pferdehändlern ist die Auswahl meist größer als beim Kauf von Privatleuten. Viele Pferde sind aber angesichts der täglichen Probereiter schon so genervt, daß sie nur noch eines signalisieren: Laß mich bloß in Ruhe!

Großimporteure, die mit ihrem Überangebot protzen. Angebote wie „Wieder 50 xy-Pferde aus yz eingetroffen ..." sollten Sie besser überlesen. Damit kann man ganz gewaltige Bauchlandungen erleben. Der Markt ist voll mit Pferden, so daß Sie auf jeden Fall auch auf anderen Wegen das für Sie geeignete Pferd finden können und nicht auf marktschreierische Offerten angewiesen sind.

Anders sieht es mit Händlern aus, die entweder Pferde aus eigener Zucht oder solche aus eigener Ausbildung verkaufen. Meist stehen dort nicht viel mehr als eine Handvoll Pferde zum Verkauf. In solchen Ställen lohnt sich immer ein Besuch. Haben Sie einen guten Eindruck von dem Verkaufsstall, dann können Sie diesen Händler auch bitten, sich anhand Ihres Profils nach „Ihrem" Pferd umzusehen und Sie gegebenenfalls anzurufen. Wenn er von nun an täglich an der Strippe hängt, weil er „Ihr Pferd" angeblich gefunden hat, haken Sie ihn besser gleich wieder ab.

Für spezielle Rassen und für Turnierpferde gilt gleichermaßen: Wer bekannt ist, ist auch teurer. Wenn Pferde aus dem Stall des deutschen Meisters zum Verkauf stehen, heißt das noch nicht, daß auch die Verkaufspferde Qualitäten für die Meisterschaften haben – im Gegenteil: Keiner kann in kurzer

Zeit das Talent eines Pferdes besser einschätzen als ein gestandener Profi. Daß er einen potentiellen Champion billig abgibt, ist absolut unwahrscheinlich. Vielmehr kann man davon ausgehen, daß „normale“ Verkaufspferde aus Championställen kein Talent zu höchsten Weihen haben. Die Wahrscheinlichkeit, daß Sie ein als Frosch deklariertes Pferd zum Märchenprinzen wachküssen, ist nicht sehr groß. Auch die Zusicherung, das angebotene Pferd habe mehrere Monate Profitraining genossen, ist keine Garantie für ein Superpferd. Profi ist auch der, der sich professionell verkauft und dem Sie das abnehmen. Und alle, wirklich alle kochen nur mit Wasser.

Ein Pferd vom großen Guru?

Bedenken Sie auch folgendes: Der Sport-Guru mit dem großen eigenen Ausbildungs-, Verkaufs- und Zuchtstall, mit dessen erfolgreicher Teilnahme an nationalen und internationalen Turnieren Sie immer rechnen können, hat auch nur 24 Stunden am Tag, um alle seine Aufgaben zu erfüllen – genau wie Sie.

Er muß deshalb primär die eigenen Turnierpferde trainieren, denn die bringen schließlich Ruhm und Ehre – und damit neue Kunden. Vor allen Dingen müssen seine Hengste – so er welche hat – im Turniergeschehen erstklassig abschneiden, sonst kommt über das Decken nicht genug Geld herein. Das Training von Korrekturpferden, die Ausbildung eigener Jungpferde, das Deckgeschäft mit Fremdstuten, der Besuch des Tierarztes, Heu- und Strohlieferungen, Turnierwochenenden und obendrein noch Kurse überall im In- und Ausland füllen seine Tage und Wochen aus. Woher soll er also die Zeit nehmen, um eines von mehreren jungen, mittelprächtig begabten Pferden vernünftig auszubilden? Richtig! Das macht in aller Regel der Bereiter oder Co-Trainer, von denen in großen Ställen meist mehrere zu finden sind. Die setzen sich auf den Großteil der Ausbildungspferde, reiten die Verkaufspferde absatzreif, geben auch so manche Reitstunde, sind aber vom großen Können des „Meisters“ meist ebensoweit entfernt wie der nette staatlich geprüfte Reitlehrer aus dem Nachbarstall.

Und mancher Ober-Guru seiner Zunft hat schon getönt, daß jedes Pferd, in dessen Sattel er seinen Hintern setzt, dadurch gleich 2.000 Mark teurer wird. Auch bei den tollsten Meistern, Champions und Siegern gilt deshalb: kühlen Kopf bewahren!

Ein Gutes hat der Kauf bei Top-Leuten aber in der Regel schon: Erfolgreiche Reiter haben meist ein sehr gutes Auge für Pferde und kaufen selbst bei guten Händlern und Züchtern ein. Es besteht deshalb die berechtigte Hoffnung, daß Sie dort ein Pferd erwerben können, das tatsächlich brauchbare Anlagen hat. Die „Großen" können sich in aller Regel auch keine Schweinereien leisten und werden sich davor hüten, sich auf das Niveau übelster Roßtäuscherei zu begeben. Sie sollten sich nur darüber im klaren sein, daß Sie für den renommierten Namen auch bezahlen müssen.

Dichtung und Wahrheit: Ein „kerngesundes" Pferd hat auch keinen orthopädischen Beschlag. Oft reicht es, einmal die Füße zu heben, um zu erkennen: Dieses Pferd hat ein Problem.

Verkaufsanzeigen

Das ist ein ganz weites Feld. Und spätestens jetzt macht es sich bezahlt, wenn Sie genau wissen, wonach Sie eigentlich suchen. Falls Sie mit einer bestimmten Rasse liebäugeln, sollten Sie das entsprechende Verbandsblatt nach Verkaufsanzeigen durchforsten. Hängen Sie an einer besonderen Reitweise, so werden Sie ebenfalls über den zuständigen Verein oder Verband fündig werden. Die Bahnhofszeitschriftenhändler in Großstädten halten wirklich eine bemerkenswerte Auswahl von Pferdezeitungen parat, inklusive derer, die sich ausschließlich auf Pferdeverkaufsanzeigen spezialisiert haben. Sie werden allerdings, wenn Sie aufgrund eines günstigen Angebots zum Telefon greifen, öfter feststellen, daß andere Leute auch lesen können – und schneller telefonieren als Sie. „Ist schon verkauft ..." – macht aber nichts. Sie haben nichts versäumt, Sie sind jetzt nur auf der richtigen Spur.

Sie werden nach einer Weile merken, daß Sie auch viel über ein Pferd erfahren, wenn Sie darauf achten, was *nicht* in einer Anzeige steht oder was beschönigt wird.

Rechts: Ein Stellungsfehler wie aus dem Lehrbuch. Pferde mit derart krummen Beinen sind als reine Freizeitpferde zwar nicht so problematisch, aber nicht zu empfehlen. Wer Wettkampfambitionen hat, sollte nur ein Pferd mit weitgehend fehlerfreier Stellung erwerben.

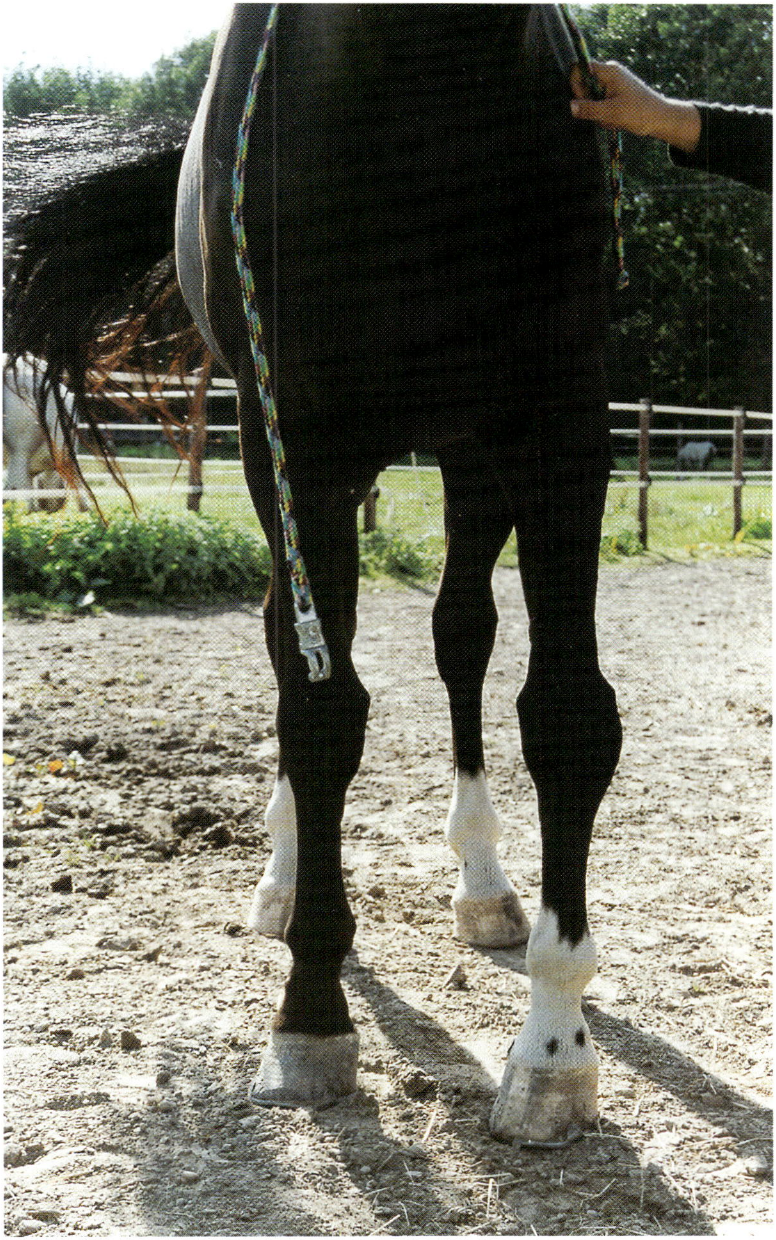

Ein Beispiel: Bei Offerten für Isländer gibt es erstaunliche Unterschiede im veranschlagten Verkaufspreis, obwohl die Pferde auf den ersten Blick fast gleich sind. Dabei fehlen beim billigeren Pferd nur die kleinen Wörtchen „ekzemfrei“ oder „Naturtölter“, und schon liegen Welten zwischen den beiden Angeboten. Lernen Sie deshalb die Anzeigensprache und fragen Sie bei Ihren Reiterfreunden nach, wenn Sie etwas nicht ganz verstehen oder das Gefühl haben, hier läge das Schnäppchen des Jahres vor Ihnen.
Lassen Sie unbedingt die Finger von Pferden, die als Kopper ausgewiesen sind, von „langjährigen Zuchtstuten“ und von Exemplaren, die „nur bedingt reitbar“ sind. Wenn Sie reiten wollen, befassen Sie sich besser nur mit 100prozentig gesunden Tieren, die auch entsprechend ausgebildet sind. Überraschungen gibt's dann immer noch genug.
Sie können durch das Studium der Verkaufsofferten aber schon herausfinden, welche Händler es in Ihrer Nähe gibt, wer öfter Pferde anbietet, die Ihnen allein vom Foto her gefallen – und ab und zu fällt Ihnen eine Anzeige auf, die Sie vor ein paar Monaten schon einmal gelesen haben. Wenn Ihnen dieses Pferd zusagt, läßt sich jetzt vielleicht ein bißchen was am Preis machen.
Die Rubrik „Pferdemarkt“ in Ihrer Tageszeitung sollten Sie ebenfalls zu Rate ziehen. Hier finden Sie vor allem Pferde, die von Privatleuten angeboten werden, teils aus eigener Zucht. Manche werden auch wegen Zeitmangels, Geldnot oder Studienbeginns, Schwangerschaft, Rückenproblemen und was einen sonst noch so am Reiten hindern kann, abgegeben.
Gerade beim Kauf von Privatleuten können Sie großes Glück haben, wenngleich Ihnen – im Gegensatz zum Erwerb bei Profis – die Auswahl fehlt. Oft klafft bei Privatleuten aber die Schere zwischen Dichtung und Wahrheit ganz gewaltig auseinander. Das „von Kindern gerittene Familienpferd“ erweist sich als verhätscheltes Mistvieh, dem Sie erst einmal seine Unarten abgewöhnen müßten. Welche versteckten Mängel ein Privatpferd aufweist, könnte Ihnen der Besitzer sicher auch sagen – wenn er das wollte.
Sie sehen, das Angebot ist groß und die Möglichkeit zum Irrtum ebenso. Nicht entmutigen lassen, nur: *Vorsicht!*

Bevor der Würfel fällt

Die Ankaufsuntersuchung

Sie ist nach vorsichtiger Auswahl, mehreren Besuchen und Probereiten durch einen guten Reiter, nach Kaufberatung und gewälzten Büchern Ihr letzter Schutz vor einem hoffnungslosen Fehlkauf. Beauftragen Sie also Ihren Tierarzt, eine Ankaufsuntersuchung vorzunehmen.

Es ist sinnvoll, den Umfang der Untersuchung in Relation zum Verkaufspreis zu setzen. Da sie den Zweck hat, Verschleißerscheinungen und Spuren vergangener oder aktueller Erkrankungen aufzuspüren, kommen junge Pferde – gerade solche, die noch nicht angeritten sind – schon auch mal ohne Ankaufsuntersuchung aus. Natürlich nur dann, wenn sie sich gut und taktklar bewegen und einen gesunden Eindruck machen. Bei Pferden, die über das Stadium des Anreitens hinaus sind, sollten Sie auf jeden Fall eine solche Untersuchung in Auftrag geben.

Die Ankaufsuntersuchung umfaßt eine medizinische äußere Begutachtung, wobei der Tierarzt den äußerlich erkennbaren Zustand des Pferdes prüft, also die Beinstellung, den Zustand der Hufe, den Futterzustand, die Qualität des Fells sowie den optischen Eindruck im Stehen und in der Bewegung. Sie geht weiter mit dem Abtasten der Beine, vor allem der Gelenke, und dem Abhören von Lunge und Herz vor und nach Belastung. Es folgen die Kontrolle der Gänge und die berühmte Beugeprobe: Hier wird jedes Bein des Pferdes einzeln mehrere Minuten lang angehoben. Nach dem Loslassen läßt man das Pferd sofort an der Hand traben. Geht es jetzt lahm, so ist es sinnvoll, das betroffene Bein ein bißchen näher zu untersuchen.

Allerdings: Eine negative Beugeprobe ist kein Garant dafür, daß das Pferd einwandfrei ist, und umgekehrt beweist eine positive nicht, daß es krank ist. Bei einem billigen Pferd mit negativer Beugeprobe

Die Stecknadel im Heuhaufen: der richtige Tierarzt

Wer erstmals ein Pferd kauft, hat die Qual der Wahl: Welchen Tierarzt soll man anrufen? Grundsätzlich unterscheidet man zwischen Kleintierpraxen (für Hunde, Katzen, Kaninchen, Vögel und so weiter) und Großtierpraxen, die sich zum Beispiel mit Kühen, Schweinen, Pferden und Ziegen beschäftigen. Darüber hinaus gibt es Tierärzte, die sich auf Pferde spezialisiert haben.

Wie finden Sie nun den für Sie richtigen Veterinär?

Beste Lösung: Fragen Sie in Ihrem (zukünftigen) Stall nach und beauftragen Sie für die Ankaufsuntersuchung den Tierarzt, von dem Ihnen nicht direkt abgeraten wird. Wenn der Ihnen dann einigermaßen sympathisch ist, sollten Sie bei ihm bleiben. Später ist es wichtig, daß er Ihnen erklären kann, worunter Ihr Pferd leidet, wenn es krank ist, und daß er auch Auskunft über die Medikamente gibt, die er verabreicht. Statt „Das ist ein Hustenmittel" zu sagen, was ja klar ist, wenn Sie ihn wegen Husten geholt haben, sollte er Ihnen mitteilen, ob es sich um ein homöopathisches Mittel oder um ein Antibiotikum handelt – und warum er Ihrem Pferd genau dieses Präparat gibt.

Es ist wichtig, daß Sie sich auf Ihren Tierarzt verlassen können, wenn er sein Kommen zugesagt hat, daß er auch im Notfall zu Ihrem Pferd eilt und – das finde ich ganz besonders wichtig – daß er ein Pferd nicht als reinen Wirtschaftsfaktor sieht, sondern es als Tier behandelt, das Sie lieben. Dazu gehört, daß er keinen Unterschied zwischen einem 300-Mark-Pony und einem 20.000-Mark-Turnierpferd macht. Tierärzte, die exklusiv den einen oder anderen Nobelstall betreuen, vor allem mit Rennpferden, haben manchmal jedes Gefühl für „normale" Dimensionen verloren. Für die Rettung und Heilung ihrer wertvollen Patienten unternehmen sie alles. Werden sie aber zu einem gewöhnlichen Freizeitpferd gerufen, das „nur" ein paar tausend Mark „wert" ist, erklären einem solche Tierärzte gerne, daß sich diese oder jene Behandlung nicht lohne – man solle sich für das Geld doch besser gleich ein neues Pferd kaufen.

Wenn Ihr Pferd in einem größeren Stall untergebracht ist, sollten Sie nach Möglichkeit verschiedenen Tierärzten bei der Arbeit zusehen. So bekommen Sie einen guten Eindruck davon, welche Einstellung der jeweilige Veterinär den Pferden gegenüber hat.

kann man es dabei belassen – wobei Sie selbst entscheiden müssen, was für Sie billig ist. Teure Pferde sollten in jedem Fall geröntgt werden, ebenso wie Tiere, die für ihre vermehrte Neigung zur Gelenkkrankheit Spat und zur Hufrollenentzündung bekannt sind. Dazu gehören beispielsweise Isländer und Westernpferderassen, beide wegen der ungewöhnlichen Winkelung der Hinterhand, verbunden mit der vermehrten Belastung derselben durch die geforderten Gänge oder Lektionen. Spat, eine Gelenkerkrankung der Hinterbeine, die früher fast nur bei altgedienten Dressurpferden gehäuft vorkam, findet man mittlerweile quer durch alle Rassen auch schon bei ganz jungen Pferden. Spat wie Hufrollenentzündung sind in einigen Blutlinien weiter verbreitet als in anderen. Fragen Sie Ihren Tierarzt, ob ihm bei den elterlichen Blutlinien des fraglichen Pferdes Neigungen zur einen oder anderen Krankheit bekannt sind.

Bietet der Verkäufer von sich aus Röntgenbilder an, so hat das eine Licht- und eine Schattenseite: Sie sparen zwar Kosten, aber es ist nicht nur einmal vorgekommen, daß die Beine auf den vorgelegten Röntgenbildern nicht zu dem Pferd gehörten, um das es ging. Es gibt dagegen nur einen einzigen wirksamen Schutz, wenn Sie das Pferd erwerben wollen: Sie kaufen es unter dem Vorbehalt, daß die Röntgenaufnahmen von diesem Pferd stammen, und röntgen es umgehend nach. Sollte sich dann herausstellen, daß Ihnen Röntgenbilder eines anderen Pferdes untergeschoben worden sind, schalten Sie besser sofort einen Anwalt ein und klären die Angelegenheit über ihn – wenn es sein muß, mit Gutachter und vor Gericht. Weisen die Pferdebeine bedenkliche Schäden auf (Spat, alte Brüche, Sehnenentzündungen, Knochenauftreibungen), so geben Sie das Pferd zurück! Sie erweisen sich einen Bärendienst, wenn Ihr erstes eigenes Pferd von Anfang an krank ist. Denn haben Sie es erst eine Weile, fällt Ihnen die Trennung richtig schwer. Von den Mehrkosten für Tierarzt oder Klinik und von der Unbrauchbarkeit einmal ganz abgesehen.

Mögliche Fallen beim Erwerb

Jetzt haben Sie die Musterlösung von A bis Z und wissen, wie Sie an den Erwerb Ihres Pferdes herangehen sollten. Hier noch einmal in Kurzform, was Sie in keinem Fall tun sollten.

Falle Nummer 1: Verlieben Sie sich nicht zu schnell! Sicher, beim Pferdekauf orientiert man sich nicht nur an nüchternen Kriterien, das Gefühl muß dabei schon stimmen. Ihr zukünftiges Pferd sollte

Sechs Monate Garantie ...

Die Ankaufsuntersuchung gibt dem Käufer lediglich sechs Monate „Garantie" auf den Befund des Tierarztes – und deshalb umfaßt diese Gewährleistung nur Krankheiten, die dem Tierarzt zum Beispiel aufgrund von Röntgenbildern hätten auffallen müssen. Jeder Veterinär kennt genügend Fälle aus der Praxis, in denen Pferde, die bei der Ankaufsuntersuchung ohne Befund waren, nach kürzester Zeit Zipperlein vorwiesen. Es gibt eben viele Erkrankungen, die sich mitunter rasant entwickeln.

Hier ein besonders krasser Fall aus der Praxis meines Tierarztes: Eine begüterte Familie sucht für die talentierte Tochter ein Nachwuchspferd. Ein junger Wallach edelster Abstammung, bildschön und hochveranlagt, mit dem stolzen Preis von 80.000 Mark soll gekauft werden. Die Ankaufsuntersuchung wird anberaumt, und für 4.500 Mark wird das Pferd in einer Pferdeklinik von innen nach außen gestülpt. Kein Knochen bleibt im dunkeln, kein Härchen unberührt, kein Zahn wird übersehen. Das Pferd ist völlig o.k. Auch die Röntgenaufnahmen. Einwandfrei. Ein Ergebnis, das nur alle Jubeljahre einmal vorkommt.

Das Pferd wird gekauft – und muß nach einem Jahr eingeschläfert werden: Krankhafte Veränderungen an den Knochen machten den Wallach unreitbar ... Eine Entwicklung, die zum Zeitpunkt der Untersuchung nicht zu erkennen gewesen war.

Ihrem persönlichen Wunschprofil aber möglichst nahe kommen und außerdem gesund sein. Dann ist zum Verlieben immer noch genügend Zeit.

Kaufen Sie kein Pferd, mit dem Sie noch nicht zurechtkommen – auch wenn Sie das Ziel haben, das in der Zukunft zu lernen! Es gibt genügend Pferdebesitzer, denen aus jeder Pore der Angstschweiß tritt, wenn sie sich mit ihrem eigenen Pferd befassen müssen. Deswegen: erst die Fakten abhaken, dann verlieben. Behalten Sie möglichst lange einen klaren Kopf.

Falle Nummer 2: Bitte keine Mitleidskäufe! Es klingt herzlos und gemein – aber lassen Sie die Finger von potentiellen Schlachtpferden und Tieren, die so krank sind, daß sie vor dem Tod gerettet werden müssen. Es sei denn, Sie haben die Möglichkeit, sich noch ein zweites Pferd zu kaufen, wenn Sie das Pferd aus Ihrer Rettungsaktion nicht reiten können. Denn das Hochpäppeln, die Tierarztkosten und die Liebe, die Sie dem armen Wurm entgegenbringen, können zum einen das Leid des Pferdes unnötig verlängern – etwa bei völlig kaputten Beinen, Dämpfigkeit oder Altersschwäche. Zum anderen ermutigen solche gutgemeinten Aktionen immer wieder miese Geschäftemacher, noch mehr Pferde leiden zu lassen. Wenn Sie ein Pferd sehen, dem es aufgrund der Nachlässigkeit seines Besitzers ganz offensichtlich schlecht geht, informieren Sie umgehend das Veterinäramt (es ist bei der Stadt- oder Kreisverwaltung angesiedelt) und erstatten Sie Anzeige bei der Polizei. Und wenn Sie noch eins draufsetzen wollen, beziehen Sie auch den Tierschutzverein und das Ordnungsamt mit ein. Dadurch bewahren Sie meist mehr Pferde vor dem Elend als durch den kostspieligen Erwerb eines armen Tieres, dessen Box im Verkaufsstall dann mit einem neuen „Sozialfall" besetzt wird.

Falle Nummer 3: Lassen Sie sich nicht unter Kaufdruck setzen! Der Markt ist voll mit guten Pferden, und Sie wären nicht der erste, der erleben könnte, wie ein Pferd mit einem ganz heißen Interessenten auch noch Monate später im Verkaufsstall steht. Also: Immer schön langsam, das bringt Sie am sichersten zum Ziel.

Die Gewährsmängel

Die sogenannten Gewährsmängel oder Hauptmängel stammen aus den Zeiten, in denen es noch wenige Tierärzte, aber eine Menge Roßtäuscher gab. Das entsprechende Gesetz ist inzwischen über 100 Jahre alt. Bei den Gewährsmängeln handelt es sich ausnahmslos um Krankheiten beziehungsweise schwere Verhaltensstörungen, die ein gutes Pferd nicht haben sollte. Klärt Sie der Vorbesitzer beim Verkauf nicht über das Vorhandensein eines Gewährsmangels auf, so haben Sie nach dem Kauf 14 Tage Zeit, um einen solchen Mangel festzustellen und zwei weitere Tage, um den Mangel anzuzeigen – am besten schriftlich mit Einschreiben/Rückschein. Wenn Sie sich mit dem Verkäufer nicht sofort gütlich einigen können, sollten Sie sich umgehend einen Anwalt nehmen und ihn beauftragen, ein Beweissicherungsverfahren einzuleiten. Nur dadurch ist sichergestellt, daß Ihre Angelegenheit bei Gericht umgehend durchgezogen wird und der Verkäufer nicht ein paar Monate später den Standpunkt vertreten kann, das Pferd habe den Mangel erst in Ihrer Obhut entwickelt oder bekommen. Der Anspruch auf Rückgabe und gegebenenfalls auf Schadenersatz erlischt sechs Wochen nach dem Ende der Gewährsfrist vollkommen. Können Sie dem

Der Kauf auf Probe

Mitunter können Sie vereinbaren, ein Pferd auf Probe zu erwerben – eben mit der Möglichkeit, es nach einer Weile zurückzugeben, meist um es gegen ein anderes Verkaufspferd aus diesem Stall zu tauschen. Private Pferdehalter lassen sich auf solche Deals selten ein, denn wenn man das Pferd aus der Hand gegeben hat, ist einem die Möglichkeit der Kontrolle genommen: Man weiß nicht, was der Probekäufer inzwischen mit dem Tier angestellt hat. Wenn er nach zehn Wochen vor der Tür steht und behauptet, das Pferd wäre nicht mehr reitbar, hat der Privatmann gleich zwei Probleme: Er muß die Kaufsumme zurückzahlen und hat womöglich ein verdorbenes Pferd.

Wir sollten uns gegenüber einem Tier keine Einstellung erlauben, wie wir sie etwa gegenüber Töpfen, Autos oder Kleidern haben – Gegenständen, die man bei Nichtgefallen zurückgeben oder umtauschen kann. Ein Pferd ist ein Lebewesen, das Ängste und wahrscheinlich erst einmal Probleme mit der neuen Umgebung hat, das darunter leidet, daß seine Freunde nicht mehr da sind – und so weiter. Es einfach wieder – ruckzuck – zurückzugeben, ist mehr als roh.

Ist es nicht besser, sich vor dem Kauf Zeit zum Überlegen zu lassen, sich und das Pferd gründlich zu prüfen, um danach den Kauf perfekt zu machen? Dann müßte es doch leicht sein, zu seiner eigenen Entscheidung und damit zu seinem neuen Partner zu stehen. Nur wenn sich ganz gravierende Schwierigkeiten ergeben, die man zum Zeitpunkt des Erwerbs nicht absehen konnte – und nicht, weil man einfach nur weggesehen hat –, sollte man erwägen, das erworbene Pferd zurückzugeben. In einem solchen Fall ist ein Kauf auf Probe natürlich hilfreich. Wer aber vorher gut nachgedacht und sorgfältig geprüft hat, braucht so eine Vereinbarung nicht.

Bedenken Sie auch, daß Pferdehändler ihre Kunden kennen. Ist das Pferd erst einmal im heimischen Stall, fällt es den meisten selbst bei gravierenden Mängeln schwer, sich wieder davon zu trennen. So mancher Händler spekuliert einfach darauf, daß Sie sich aufgrund der Zusage „Kauf auf Probe“ schneller entscheiden, als für Sie gesund ist – und daß Sie zu Ihrer Entscheidung stehen, auch wenn ein anderes Pferd besser zu Ihnen passen würde.

Vorbesitzer arglistige Täuschung nachweisen, so verfällt der Anspruch nicht – wobei die Beweispflicht bei Ihnen liegt.

Hier nun die sechs Hauptmängel und woran Sie sie erkennen können:

Kehlkopfpfeifen/„Ton“: Das ist der Hauptmangel, dem Sie wohl am ehesten begegnen werden. Er äußert sich in einem pfeifenden Atemgeräusch beim Einatmen, das meist nur dann auftritt, wenn das Pferd gearbeitet wird und am Zügel geht. Der Ton entsteht aufgrund einer Lähmung eines Stimmknorpels, die häufig nach Krankheiten der oberen Luftwege auftritt – etwa nach der Druse, einer besonderen Form der eitrigen Halsdrüsenentzündung.
Wenn Sie beim Reiten also komische Geräusche hören, die nicht vom Abschnauben durch die Nase herrühren, lassen Sie das Pferd vom Tierarzt darauf untersuchen. Das Kehlkopfpfeifen läßt sich operativ beheben.

Koppen/Krippensetzen: Auch dieser Mangel ist heute noch relativ häufig anzutreffen. Es handelt sich dabei um die Angewohnheit, deutlich hörbar Luft herunterzuschlukken. Den Krippensetzer erkennen Sie daran, daß er die Schneidezähne auf eine Kante aufsetzt, um dann die Luft ruckartig einzusaugen. Mit der Zeit bringt diese Angewohnheit eine starke Abnutzung der oberen Schneidezähne mit sich. Überprüfen Sie deshalb die Zähne eines Verkaufspferdes genau auf auffällige Abnutzung.
Aber längst nicht jeder Kopper setzt die Scheidezähne auf. Viele Pferde koppen frei, ohne Zaun oder Boxenwand als „Unterstützung“. Sie strecken zum Luftschlucken den Hals vor, und auch bei ihnen tritt das eigenartige Sauggeräusch auf, das ein bißchen wie Rülpsen klingt. Ich habe aber auch schon Kopper gesehen, die die Luft seitlich durch die Lefzen gezogen haben, weswegen man bei ihnen nicht unbedingt gleich den richtigen Schluß zog.
Mit der Zeit zieht das Koppen diverse gesundheitliche Probleme wie schlechte Futteraufnahme und Magerkeit (bedingt durch den mit Luft gefüllten Magen) nach sich.
Ein Pferd, das jahrelang gekoppt hat, kann man meist nicht mehr umgewöhnen. Da hilft dann nur eine Operation, die bei Krippensetzern recht hohe Erfolgschancen hat (65 bis 70%), bei Freikoppern aber nur 35 bis 40% „heilt“.
Angeblich zeigen neueste Untersuchungen, daß sich Pferde diese Unart nicht, wie man früher meinte, von ihren Artgenossen abgucken. Satt dessen geht man davon aus, daß vor allem die Streßfaktoren in einem Stall am Koppen schuld sind. Es spricht auch einiges für eine genetisch be-

Kontrolle ist besser ...

Beobachten Sie Ihr neues Pferd in den ersten Tagen genauestens und bitten Sie auch das Stallpersonal, auf jede Auffälligkeit zu achten. Es kommt nämlich gar nicht so selten vor, daß ein Pferd mit einem Gewährsmangel wie etwa Koppen für ein paar Tage symptomfrei gespritzt wird. Und wenn Sie einen solchen Mangel nicht bald entdecken und unverzüglich anzeigen, haben Sie Pech gehabt.

dingte Disposition – jedenfalls sind die Nachkommen von Koppern auffällig oft ebenfalls Kopper.

In Verkaufsanzeigen liest man öfter: „Koppt etwas." Vergessen Sie's – das ist so wie „ein bißchen schwanger".

Dämpfigkeit/Dampf: Auch mit der Dämpfigkeit müssen Sie heute noch rechnen. Genaugenommen handelt es sich dabei um einen Sammelbegriff für alle chronischen, unheilbaren Erkrankungen der Lunge, verbunden mit einer entsprechenden Beeinträchtigung des Pferdes – vor allem, wenn Leistung gefordert wird. Die Ursachen sind vielfältig, sie reichen von permanenter Boxenhaltung in staubiger Stalluft (speziell, wenn Heu und Stroh über den Boxen gelagert wird) über nicht ausgeheilten Husten bis hin zu Folgeschäden von Lungenentzündungen.

Im fortgeschrittenen Stadium dieser Krankheit wird die Bauchmuskulatur beim Ausatmen zur Hilfe genommen, was sich zum einen in einer doppelschlägigen Atmung zeigt, zum anderen in der sukzessiven Ausbildung einer Dampfrinne, einer parallel zum Rippenbogen verlaufenden stärkeren Muskelausprägung an der Bauchwand. Dämpfigkeit kann nicht geheilt, sondern bestenfalls zum Stillstand gebracht werden – aber nur dann, wenn man dem erkrankten Pferd Seeluft, einen Offenstall oder dauerhaften Weidegang gönnt. Dämpfige Pferde sollten nur ruhig ins Gelände geritten werden, sofern sie bei dieser Arbeit noch beschwerdefrei sind.

Periodische Augenentzündung: Sie zeigt sich durch regelmäßig auftretende Hornhauttrübungen mit Bindehautentzündungen, die meist nach rund 14 Tagen wieder abklingen – die Krankheit wird deswegen auch als Mondblindheit bezeichnet. Anfangs ist meist nur ein Auge betroffen. Die Anfälle treten erst in großen Abständen auf, die sich allmählich verkürzen, bis das Pferd im schlimmsten Fall völlig erblindet. Bislang ist noch nicht

restlos geklärt, wodurch die Periodische Augenentzündung hervorgerufen wird. Zum einen können stumpfe Traumen, wie sie durch Stöße auf das Auge verursacht werden, Auslöser sein. Der neueste Stand der Forschung weist aber immer mehr in Richtung mangelhafte Hygiene im Stall. Auf der Anklagebank in Sachen Periodische Augenentzündung sitzen die sogenannten Leptospiren, die sich im Harn von Nagetieren wie der allseits bekannten Stallmaus befinden und von diesen übertragen werden, wenn sie in Futterschüsseln Nachlese halten oder sich an den Futtersäcken und Fütterungswagen bedienen können. Machen Sie im Stall deshalb bedingungslos Jagd auf die Nager, und engagieren Sie hierzu auch eine sportliche Stallkatze!
Die Periodische Augenentzündung gilt als nicht heilbar. Man versucht mit verschiedenen Behandlungsmethoden – neuerdings auch durch operative Eingriffe –, die Symptome zu lindern und den Krankheitsprozeß aufzuhalten.

Dummkoller: Beim Dummkoller handelt es sich um die unheilbaren Folgen einer akuten Gehirnwassersucht, die sich in so merkwürdigem Verhalten wie Gegen-die-Wand-Laufen, Eintauchen der Nüstern unter Wasser, Stehen mit gekreuzten Beinen, fehlendem Ohr- oder Stirnreflex und extremer Unberechenbarkeit unter dem Sattel zeigt. Was nicht heißt, daß jeder Durchgänger und Steiger Dummkoller hat – das wäre eine feine Ausrede für viele Reiter ...

Rotz: Diese höchst ansteckende Krankheit kann auch anderen Einhufern und dem Menschen gefährlich werden und ist anzeigepflichtig. Das betroffene Pferd muß getötet werden. Aber hier gleich die gute Nachricht: Rotz gilt in Westeuropa als „ausgestorben“, und angesichts von zwei bis vier Wochen Inkubationszeit droht auch aus den USA wegen der vorgeschriebenen Quarantäne keine Gefahr. Etwas mehr Vorsicht ist bei Frischimporten aus Osteuropa geboten, aber bei der Ankaufsuntersuchung sollte diese tödlich verlaufende Krankheit dem Tierarzt eigentlich auffallen.

Andere Krankheiten

Wie wir Menschen, so sind auch Pferde nicht immer gesund. Doch Sie sollten zumindest kein hustendes Pferd erwerben und keines, das im Moment Durchfall hat oder das lahmt. Alle diese Krankheiten können chronisch sein oder werden und zur Unreitbarkeit führen. Und bis Sie das Pferd „aufgeben“, haben Sie vermutlich so viel Geld für die Tierarztbesuche ausgegeben, daß Sie sich davon ein zweites Pferd hätten kaufen können. Lassen Sie bei allen akuten Krankheiten erst einmal die Finger vom Kauf. Beauftragen Sie, wenn's denn unbedingt genau dieses Pferd sein soll, nach der Genesung einen Tierarzt Ihres Vertrauens damit, einen „Dopingtest" durchzuführen. Die meisten Inhaltsstoffe von Beruhigungs- und Schmerzmitteln sowie anderen feinen Pülverchen lassen sich bei gezielter Suche nachweisen.

Ekzempferde

Das sogenannte Sommerekzem ist auf dem Vormarsch. Diese Krankheit, die man zunächst fast nur bei Isländern feststellte, verbreitete sich gerade in den letzten Jahren sprunghaft unter allen Pferderassen. Auslöser des Ekzems sind primär die sogenannten Kriebelmücken, deren Bisse so jucken, daß sich die Pferde wundscheuern. Der eigentliche Grund für das extreme Scheuern liegt in einer individuellen Empfindlichkeit und Überreaktion auf die Bisse. Deren Ursache ist nach wie vor nicht restlos geklärt, doch man kann erkennen, daß überdüngte Weiden und ein entsprechendes Überangebot an Eiweiß im Futter die allergische Reaktion stark fördern. Vieles deutet darauf hin, daß die Tendenz zu dieser Form der Allergie vererbt wird. Es handelt sich um einen Erbgang, der nicht auf dem Prinzip von dominantem und rezessi-

Erbkrankheit HYPP

Wenn Sie ein Westernpferd erwerben wollen, das Blut des Hengstes *Impressive* führt (lassen Sie sich das Pedigree zeigen!), fragen Sie nach einem HYPP-Test. HYPP ist die Kurzform für Hyperkalemische Periodische Paralyse, eine durch einen Gendefekt ausgelöste Muskelerkrankung. Soweit bekannt, kommt die Erbkrankheit ausschließlich bei Nachkommen dieses einen Hengstes vor. Da dieses Ausnahmepferd die Zucht von Halter-Pferden nicht nur in den USA jahrzehntelang geprägt hat, gibt es auch entsprechend viele Kinder, Enkel und Urenkel. HYPP äußert sich im akuten Stadium durch Muskelschwäche, die sich anfangs in Muskelzittern nach Belastung zeigt, und führte bei einer ganzen Reihe von Pferden zum Tode. Ein DNA-Test, der auch in Deutschland durchgeführt werden kann, gibt Aufschluß darüber, ob Ihr Wunschpferd Träger des HYPP-Gens ist. Wenn das ausgeschlossen ist, können Sie auch *Impressive*-Nachkommen bedenkenlos kaufen – es handelt sich um wirklich schöne Pferde!

vem Gen beruht, sondern wohl von mehreren Genen abhängt.
Was mit dem Wort „Ekzempferd" so harmlos umschrieben wird, kann von ein paar geschwollenen Stellen am Mähnenkamm bis hin zu einem von vorne bis hinten wunden Pferd reichen. Es gibt Pferde, die so sehr unter den Insektenbissen leiden, daß man sie in der gefährlichen Sommerzeit, der „Blütezeit" des Ekzems, am liebsten erlösen möchte. Wird es kälter und werden die Tage kürzer, so heilen die wunden Stellen ab, und außer einer etwas dürftigen Mähne und einem kleinen Schweifchen erinnert nichts mehr an die schrecklichen Wunden.

Daß ein Pferd mit Ekzem einen deutlich geringeren Kaufpreis erzielt, ist eigentlich klar ... Es sei denn, es findet einen unbedarften Liebhaber – im Winter. Wenn man nach so einem Kauf im nächsten Sommer plötzlich vor der Erkenntnis steht, einen Ekzemer sein eigen zu nennen, kann man nur noch versuchen, ein Mittel dagegen zu finden. Gleich vorneweg: Jedes Pferd reagiert anders, und für Sie beginnt jetzt eine Zeit der Suche.

1. Maßnahme: Stichanzahl reduzieren. Sorgen Sie zunächst dafür, daß Ihr Pferd weniger gestochen wird. Das erreichen Sie durch die

Knoblauch hält nicht nur Vampire fern: Insekten schätzen ihn auch nicht sehr.

Verwendung von Fliegensprays, Fütterung von Knoblauch und Aufstallen des Pferdes zu den Hauptflugzeiten der Insekten. Kriebelmücken fliegen bevorzugt in der Dämmerung. In der Mittagszeit und bei feuchtwarmem Wetter sind auch die Bremsen nicht ohne. Das bedeutet, daß Sie Ihr Pferd besser nur nachts auf die Weide schicken. Der Stall eines Ekzemers sollte im Sommer eher dunkel sein, da beißende und stechende Insekten selten die letzten Winkel des Gebäudes aufsuchen, sondern lieber in der Sonne „Beute machen".

2. Maßnahme: Eiweißanteil im Futter reduzieren. Die Grundregel lautet: viel Heu und wenig Kraftfutter. Mehr dazu ab Seite 99.

3. Maßnahme: Entgiftung des gesamten Organismus. Suchen Sie nach einem homöopathisch arbeitenden Tierarzt oder einem wirklich erstklassigen Tierbehandler – was gar nicht so einfach ist, denn viele versprechen mehr, als sie halten, und die wirklich guten findet man oft nicht so schnell, wie es nötig wäre. Lassen Sie ihn bei Ihrem Pferd eine regelrechte Entgiftungs- und Ausscheidungskur durchführen. Nieren und Leber müssen dazu angeregt werden, vermehrt Giftstoffe auszuscheiden. Auch eine Behandlung der Psyche über Bachblüten, Reiki, Engelkarten und was es auf diesem Gebiet sonst noch gibt, sollten Sie versuchen. Mit etwas Glück können Sie Ihren „Ekzemer" auf diesem Weg langfristig heilen.

4. Maßnahme: Ekzemmittel verwenden. Nur wenn Sie die oben aufgeführten drei Maßnahmen komplett durchziehen, sollten Sie zusätzlich auch noch Ekzemmittel schmieren. Ohne Entgiftung, bei unvermindertem Kraftfutter und ohne Schutz vor den Insekten kann kaum eine Lotion das Übel beheben, sondern bestenfalls das Allerschlimmste verhindern. Die Palette der „heißen Tips" ist unüberschaubar. Oft hilft nur noch Cortison, das aber den Organismus so sehr belastet, daß sich die Katze in den Schwanz beißt. Viele Ekzempferdebesitzer beginnen zunächst einmal damit, die Haut geschmeidig und fettig zu halten. Babyöl, möglichst unparfümiert, ist dafür ein gutes Mittel.
Einige Firmen wie Marengo oder Leovet, Chevaline und andere bieten spezielle Gels für Ekzemer an, die meist auf Naturstoffen basieren. Sie beruhigen zuallererst die Haut, fetten sie nachhaltig und enthalten mitunter auch kühlende ätherische Öle, die den Juckreiz etwas mildern.
Vor dem Schmieren müssen Sie natürlich die Verkrustungen der wunden Stellen mit warmem Wasser und etwas „Pulen" ablösen – auch in der Mähne, sonst kommt

das beste Mittel nicht zur vollen Entfaltung.
Nehmen Sie keine Mittel, die die Haut austrocknen (auch wenn sie „...öl“ heißen): Fürchterlich für Ekzemer ist Teebaumöl, das sonst so sehr gerühmt wird. Ich habe damit die allerschrecklichsten Erfahrungen bei einem ekzemfreien Isländer gemacht, der unter der Behandlung mit Teebaumöl Ekzem entwickelte. Nach Absetzen des Teebaumöls verschwand das Ekzem sofort wieder.
Wenn Sie einen Isländer oder einen Aegidienberger kaufen möchten, sollten Sie damit bis zum Sommer warten. Da sehen Sie nämlich mit eigenen Augen, ob Sie einen Ekzemer vor sich haben oder nicht.
Bei anderen Rassen sollten Sie beim Kauf auf geschwollene Mähnenkämme achten, auf starke Schuppenbildung sowie abgescheuerte Schweife und Mähnen, und bei derartigen Anzeichen entsprechend vorsichtig sein.

Der bisherige Tierarzt Ihres potentiellen Pferdes

Die Geister scheiden sich bei der Frage, ob es sinnvoll ist, den Gestüts- oder Reitstalltierarzt nach dem betreffenden Pferd zu befragen.
Es bedarf dazu in jedem Fall der Genehmigung des Vorbesitzers. Liegt keine mehr oder weniger verborgene Krankheit vor, dürfte es bei diesem Ansinnen an den Verkäufer eigentlich kein Problem geben. Die in vielen Großställen aufgestellte Behauptung, bei der Menge der Pferde wüßte der Tierarzt gar nicht, welches Tier Sie sich ausgesucht hätten, können Sie sich ja vom Veterinär auch persönlich bestätigen lassen. Hat er das Pferd doch einmal behandelt, wird er sich mit Sicherheit daran erinnern. Wollen Sie ganz auf Nummer Sicher gehen, dann bitten Sie den Tierarzt um eine schriftliche Auskunft. Da so ein Bericht Zeit kostet, werden Sie ihn auch entsprechend bezahlen und ein paar Tage darauf warten müssen.

Der Kaufvertrag

Bevor Sie die Zweisamkeit mit Ihrem zukünftigen Pferd genießen können, sollten Sie einen gut durchdachten Kaufvertrag abschließen.

Ist nach erfolgter Ankaufsuntersuchung und gründlicher Prüfung aller Fürs und Widers die Entscheidung gefallen, dann geht es an den Vertrag. Bestehen Sie auf einer schriftlichen Vereinbarung, denn sie bietet vor allem Ihnen als Käufer Schutz. Lassen Sie sich nicht zum berühmten Handschlag verführen, ohne alle Fragen restlos ausgeräumt zu haben. Denn wenn nichts schriftlich vereinbart ist, gilt das Pferd an Ort und Stelle als gekauft wie gesehen, ohne Möglichkeiten der Rücknahme – es sei denn, Sie können innerhalb von 14 Tagen einen Gewährsmangel nachweisen (siehe Seite 39). Da diese Mängel zum Glück gemessen am „Gesamtangebot" von Erkrankungen eher selten sind, kann man Ihnen theoretisch ein völlig lahmes, krankes, unbrauchbares Pferd oder ein gemeingefährliches Biest andrehen, ohne daß Sie irgendwelche Rechte geltend machen können.

In einem Vertrag, der aus Beweisgründen schriftlich abgefaßt sein sollte, können Sie aber im Prinzip alles regeln, wenn beide Parteien damit einverstanden sind.

Sinnvolle Inhalte

Im Vertrag sollten die Namen und vollständigen Anschriften von Käufer und Verkäufer sowie der Kaufgegenstand, also das Pferd, mit seiner Identifizierungsnummer (wenn es eine hat), einer Beschreibung des Brandes (falls vorhanden) und ein paar zusätzlichen Merkmalen wie Farbe, Form der Abzeichen, Narben und so weiter festgehalten werden. Falls Sie ein wertvolles Turnier- oder Zuchtpferd erwerben, müssen unbedingt auch der Ausbildungsstand und eventuelle Siege und Plazierungen beziehungsweise Prämierungen im Vertrag stehen.

Lassen Sie den Verkäufer unterzeichnen, daß ihm beim Pferd Ihrer Wahl keine akuten oder chronischen Krankheiten bekannt sind und daß es frei von Gewährsmängeln ist. Verlangen Sie außerdem von ihm, daß er die Krankheiten auflistet, wegen denen das Pferd in der Vergangenheit behandelt wurde. Erinnern Sie sich: Ein Pferd muß im Durchschnitt zweimal im Jahr „außer der Reihe" vom Tierarzt besucht werden. Wundern Sie

Vorsicht bei Rehepferden!

Ein Pferd mit einer früheren Hufrehe-Erkrankung sollte man unbedingt auf Hufbeinsenkung röntgen lassen. Ich mache um Rehepferde einen weiten Bogen, da sie ihre Anfälligkeit in bezug auf Futter nicht verlieren und es somit meist nur eine Frage der Zeit ist, bis sie den nächsten Reheanfall bekommen.

sich also nicht, wenn der Verkäufer die eine oder andere Krankheit aufschreibt. Jetzt fehlen eigentlich nur noch der Kaufpreis, die Zahlungsweise und -fälligkeit sowie eine Vereinbarung darüber, wer den Transport durchführt und bezahlt. Vielleicht möchten Sie außerdem Probezeiten, Rückgabemöglichkeiten und/oder Rücktrittsfristen fixieren. Zu solchen Zugeständnissen sind aus den bereits geschilderten Gründen die wenigsten Verkäufer bereit. Deswegen ist es nicht sonderlich bedenklich, wenn sich der Vorbesitzer darauf nicht einläßt. Denn mit einem Vertrag, der Ihnen viele Rechte einräumt, riskiert er, nach der vereinbarten Frist ein inzwischen unbrauchbar gewordenes Pferd zurückzuerhalten.

Papierkrieg

Ein Pferd wird durch die Zugehörigkeit zu einer bestimmten Rasse und mit den Papieren, die diese Rassezugehörigkeit ausweisen, in aller Regel teurer. Geht der Kaufpreis vollständig an den Verkäufer, so bekommen Sie im Gegenzug die Originalpapiere. Halten Sie sich aber unbedingt daran, nur dann die gesamte Kaufsumme zu bezahlen, wenn Ihnen die Originalpapiere des Pferdes auch wirklich vor Ort und sofort ausgehändigt werden.

Bei einigen Rassen wie den Quarter Horses ist für den Verkauf auch noch ein original Transfer-Report nötig, damit das Pferd auf Ihren Namen eingetragen werden kann. Eine Kopie des Kaufvertrages reicht in diesen Fällen nicht aus. Informieren Sie sich vor dem Kauf beim zuständigen Zuchtverband, welche Papiere nötig sind und wie sie als Originale aussehen. Auch der leidige Papierkrieg hat schon zu manch unliebsamer Überraschung geführt.

Also: Geld nur gegen Papiere, die Sie natürlich auch richtig kontrollieren müssen: Stimmt die einge-

Schwarzmalerei?

Ich kann nur hoffen, daß Sie sich aufgrund all dieser Hinweise und Warnungen nicht von Ihrem Vorhaben abbringen lassen, ein Pferd zu kaufen. Aber es gibt einfach zu viele nette, gutgläubige Pferdeliebhaber, die von ein paar Roßtäuschern hinters Licht geführt wurden, als daß man diese Punkte auslassen könnte. Die hier geschilderten Stolpersteine kommen auch nur selten vor, aber es gibt sie eben. Und es wäre schade, wenn Sie aus Unwissenheit einem ausgebufften Profi auf den Leim gehen würden.

Ein Wort zur Farbe des Pferdes

Bei manchen Fohlen kann man nicht unbedingt erkennen, welche Farbe das Kleine unter seinem Fohlenpelz verbirgt. Es kann also sein, daß sich das als Falbe eingetragene Pferd später als einfacher Brauner herausstellt, und dann ist die Farbe mittlerweile womöglich falsch eingetragen worden. Das kommt besonders bei Quarter Horses vor, bei denen es eine große Farbvielfalt mit exakten Bezeichnungen gibt, und bei Isländern, die als Fohlen ein besonders dickes Fell haben.

tragene Farbe, sind die vermerkten Abzeichen am Pferd zu erkennen, und kann das Alter stimmen? Es wurden auch schon echte Papiere zum falschen Pferd geliefert. Wenn die Original-Abstammungspapiere derzeit nicht da sind, behalten Sie zwischen 30 und 50 Prozent des

Gebrannt wird nur, wer auch Papiere hat.

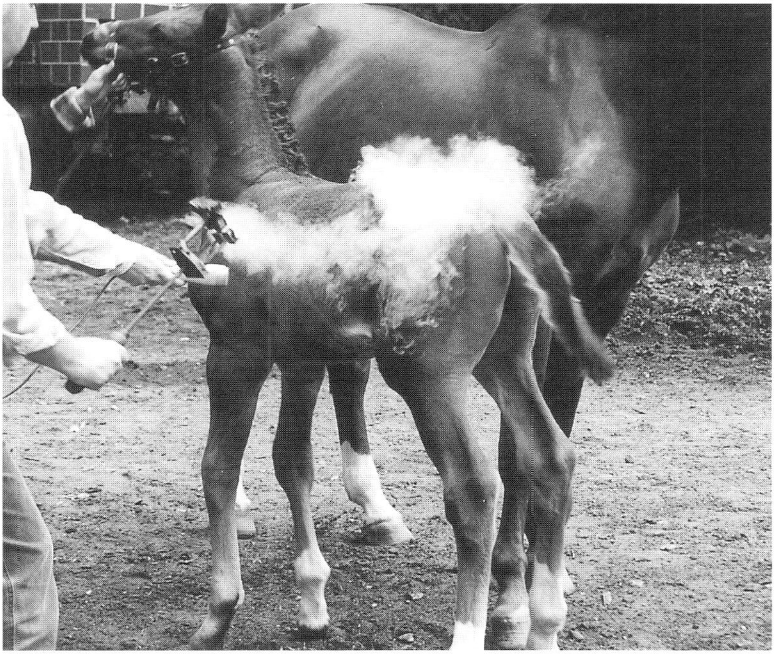

Unsichtbare Chips

Seit kurzem ist es in einigen wenigen Zuchtverbänden möglich, Pferde mit Chips zu kennzeichnen, statt sie zu brennen. Dabei wird ein kleiner Datenträger mit einer Identifikationsnummer implantiert, die später von Lesegeräten erkannt werden kann. Von außen kann man nicht sehen, wo der Chip genau sitzt – und ob das Pferd überhaupt einen trägt. Grundsätzlich ist es eine gute Idee, einen Ersatz für das traditionelle Brennen zu suchen, das sicher schmerzhaft ist. Ob man die Lösung allerdings im Chip gefunden hat, ist noch die Frage. Der gravierende Nachteil gegenüber dem Brand liegt darin, daß man von außen – oder, wie einer der Sachverständigen das formulierte, „prima vista" – nicht erkennen kann, ob das betreffende Pferd überhaupt einer bestimmten Rasse angehört. Dazu bedarf es eines Lesegerätes, das dann einen weit genaueren Nachweis ermöglicht als ein Brandzeichen. Da man als Privatmensch kaum ein Lesegerät mit sich herumträgt, ist es schwierig zu erkennen, ob das angebotene Pferd gestohlen ist oder eben nur keine Papiere hat.

Kaufpreises bis zur Übergabe der Papiere ein. Begründungen für die Abwesenheit von Papieren gibt es viele. Ausrede 1: „Die Papiere sind verloren", Ausrede 2: „Die Papiere sind derzeit beantragt", Ausrede 3: „Die Papiere kommen noch aus den USA", und so weiter. Ein Pferd ohne Papiere hat nur einen Bruchteil des Wertes, den es mit Abstammungsnachweis hätte. Also noch einmal: *Vorsicht!*

Brandzeichen ohne Papiere?

Seien Sie vorsichtig bei Pferden, die einen Brand haben, zu denen aber die Papiere fehlen. Zuchtpferde werden als Fohlen gebrannt, wenn die Papiere der Mutterstute und der Bedeckungs-/Geburtsnachweis vorliegen. Ohne Papiere aber kein Brand, so ist es üblich.

Fehlt plötzlich der wertbestimmende Zuchtnachweis, den die Papiere ja darstellen, ist unter Umständen etwas faul.
Anhand der Brandnummer, die leider erst seit Anfang der 80er Jahre üblich ist, können Sie beim zuständigen Verband eventuell mehr über das Pferd erfahren – vielleicht sogar, ob es als gestohlen gemeldet wurde.

Eigenes Pferd – und nun?

Vorgestern noch Fremde, heute schon die besten Kumpels: Hengstchen bei ihrer Lieblingsbeschäftigung. Bei der Eingewöhnung Ihres neuen Pferdes kann es zu Rangauseinandersetzungen kommen – unabhängig von Alter und Geschlecht der Tiere.

Ist alles klar und das Geld gegen die Papiere getauscht, gehört das Pferd endlich Ihnen. Und von diesem Zeitpunkt an sind Sie für es verantwortlich und können haftbar gemacht werden – auch dann, wenn das Pferd noch eine Weile beim Verkäufer bleibt, weil es von ihm zum Beispiel noch weiter ausgebildet werden soll.

Wie kommt Ihr Pferd zu Ihnen?

Verläßt Ihr Pferd nun seinen bisherigen Stall, so stellt sich die Frage nach dem Transport. Es ist ratsam, ihn zu begleiten und vor allen Dingen beim Verladen anwesend zu sein, auch wenn der Vorbesitzer das Pferd „anliefert". Denn so erleben Sie, wie sich Ihr neues Pferd dabei verhält. Erkennen Sie hierbei Probleme, so sollten Sie schon bald mit einem entsprechenden Verladetraining beginnen. Auch wenn Sie nicht vorhaben, an Turnieren teilzunehmen, ist es immer wieder nötig, Pferde zu transportieren – zum Beispiel in eine Klinik. Ihr Pferd muß sich dann einfach und ohne Palaver auf einen Anhänger führen lassen.

Die Eingewöhnung

Im neuen Zuhause angekommen, zeigen Sie Ihrem Pferd zunächst auf direktem Weg seinen Stall und geben ihm zu fressen und zu saufen. Lassen Sie es dann erst einmal in Ruhe. Es hat genug „um die Ohren" gehabt mit dem Transport und der Trennung von der gewohnten Umgebung. Jetzt ist es voll gefordert, die neue Umgebung mit allen Sinnen aufzunehmen. Halten Sie ihm neugierige Menschen vom Leib, wenn Sie die Möglichkeit dazu haben, und sorgen Sie dafür, daß es zumindest andere Pferde sehen kann. Lassen Sie es auf keinen Fall alleine im Stall stehen. Sprechen Sie vor der Ankunft Ihres Pferdes mit dem Stallbesitzer, so daß er die zukünftigen Nachbarpferde an diesem Tag in den Boxen läßt oder früher von der Weide holt. Dann sieht die neue Welt für Ihr Pferd schon freundlicher aus. Geraten Sie nicht in Panik, wenn es sich mit seinem zukünftigen Stallgefährten von Box zu Box angiftet. In einer Herde ist es nötig, die eigene Position klarzumachen, und wenn sich Ihr Pferd nicht einfach als Schlußlicht wohl fühlt, wird es seine Stellung durch entsprechendes Auftreten verdeutlichen – auch durch Gitter hindurch.

Wenn Sie nicht ganz sicher sind, daß Ihr Pferd ein ausgeprägt soziales Herdenverhalten hat und absolut verträglich ist, dann lassen Sie ihm Zeit, seine zukünftigen Weidegenossen erst einmal über den Zaun hinweg kennenzulernen. Wird Ihr Pferd nämlich direkt in

Schnuppern und Quietschen gehören zum Kennenlern-Ritual.

die neue Herde gestellt, dann beginnt sofort der Kampf um den richtigen Platz in der Rangordnung. Diese Auseinandersetzung wird nicht mehr so hart ausgetragen, wenn die bestehende Herde die Gelegenheit hatte, den Neuen schon einmal ein paar Tage lang genauer zu beschnuppern – und umgekehrt. Das Quietschen, das Sie hören können, wenn zwei fremde Pferde die Nasen zusammenstecken, oft verbunden mit einem Schlag der Vorderhand, heißt soviel wie: „He, keine Vertraulichkeiten. Komm mir bloß nicht näher."
Damit bei dieser seltsamen Art des Stampfens mit den Vorderbeinen nichts passieren kann, muß die Weide gut eingezäunt sein – also nicht mit Stacheldraht, den man an einer Pferdeweide sowieso niemals akzeptieren darf, oder mit durchhängendem Draht oder Elektroseil. Abstandshalter mit Stromlitze zwingen die Pferde auf beiden Seiten, so weit vom Zaun wegzubleiben, daß die Vorderbeine nicht in „Einfädel-Gefahr" geraten. Nach einer Woche der Kontaktaufnahme können Sie es riskieren, Ihr Pferd mit den anderen zusammenzulassen. Voraussetzung dafür ist aber, daß das neue Pferd Herdenerfahrung hat, daß die Weide genügend groß und der Herdenchef kein

Absetzer und Jungpferde

Bei Jungtieren muß man nicht so vorsichtig vorgehen wie bei erwachsenen Pferden. Letztere erkennen Jungtiere als solche und machen ihnen die Regeln klar, die in einer Herde gelten, ohne ihnen ernstlich zuzusetzen – vorausgesetzt, die ausgewachsenen Pferde haben noch ein normales Sozialverhalten. Jungpferde kann man also einfach ausladen, in die Herde stecken, und nach einer kleinen Jagd und ein paar herzhaften Bissen in den Allerwertesten ist das Schlimmste geschafft. Nach ein paar Tagen wird der kleine Neuling zur Herde gehören wie die anderen Pferde auch. Letztlich sind wir Menschen es, die den Pferden die Möglichkeit nehmen, wie Pferde zu leben. Wir sollten deshalb unbedingt versuchen, den Jungtieren ein pferdegerechtes soziales Umfeld zu bieten, damit sie wenigstens ihre Jugend normal verbringen können – möglichst unter Gleichaltrigen. Dazu gehört auch, daß sie in den ersten Jahren möglichst nur so viel Kontakt zu Menschen haben, daß sie das Halfter respektieren, sich führen lassen und weder beim Tierarzt noch beim Schmied Theater machen.

Kommen diese weitgehend frei aufgezogenen Tiere dann in die Ausbildung, haben sie eine gesund entwickelte Persönlichkeit und zusätzlich eine natürliche Scheu vor dem Menschen. Das sind die Pferde, die ihren Trainern nicht auf den Füßen herumtreten und sie umrennen, sondern respektvoll Abstand halten. Bei einem guten Ausbilder lernen sie dann, Vertrauen zu fassen und die ersten Lektionen auszuführen. Sie werden belohnt und bekommen langsam Spaß an ihren Aufgaben. Wenn sie auch weiterhin vernünftig, liebevoll und fachgerecht ausgebildet und behandelt werden, gehören sie später zu den Pferden, die echte Partner werden.

Streithammel ist. Eine andere Methode besteht darin, den Neuen schrittweise zu integrieren, ihn also erst nur mit einem (dem ranghöchsten) Herdenmitglied zusammenzulassen, dann mit zweien ... und so weiter.

Für beide Eingewöhnungs-Varianten gilt, daß man die Pferde anfangs immer beobachten sollte, um notfalls eingreifen zu können.

Bei größeren Pferdebeständen empfiehlt es sich, Wallache und Stuten getrennt voneinander weiden zu lassen, wenngleich sich ein dominanter Wallach in der Stutenherde gut auf die Psyche – weil auf den Hormonspiegel – der Damen auswirkt. Hier einen zweiten Wallach integrieren zu wollen, hieße, einen Zweikampf zwischen den beiden Herren zu riskieren, der bei Hengsten in freier Wildbahn mit der Flucht eines Kontrahenten endet. Nach einem ähnlichen Muster verläuft auch die Auseinandersetzung unter Wallachen, wenn einer eine Stutenherde bereits anführt und ein neuer dazukommt.

Die Haftpflichtversicherung

Schließen Sie bitte umgehend eine Pferdehaftpflichtversicherung ab. Falls Sie einem Reit- oder Zuchtverband angehören, informieren Sie sich dort über mögliche Versicherungspartner, denn mitunter bestehen Rahmenverträge, die sich für Sie durch niedrigere Prämien auszahlen.

Beim Abschluß eines entsprechenden Vertrages sollten Sie auf „unbegrenzte Deckung" achten. Weiter ist es für den Versicherungsträger wichtig zu wissen, ob Sie Ihr Pferd als Reitpferd nutzen oder ob es ein Zucht- beziehungsweise Aufzuchtpferd ist. Die Prämien für Reitpferde sind häufig niedriger, wenn Sie die Turnierteilnahme ausschließen können. Das Gastreiterrisiko sollte in jedem Fall eingeschlossen sein. Dadurch ist Ihre etwaige Haftungsverpflichtung gegenüber Reitbeteiligungen und Pflegemädchen ebenso mitversichert wie gegenüber der Freundin, die Ihr Pferd während Ihres Urlaubs bewegt.

Die Prämien schwanken je nach Verband, Versicherungsträger und Größe des Pferdes zwischen 60 DM und 300 DM pro Jahr. Ein Unterschied, für den sich ein bißchen Recherche lohnt.

Schließen Sie Ihren Versicherungsvertrag mit jährlicher Kündigung ab. Das ist zwar rund fünf Prozent teurer als ein Vertrag über fünf Jahre, aber wenn Sie kurzfristig einen günstigeren Versicherungspartner finden, können Sie ohne lange Wartezeiten wechseln. Sonst besteht nur die Möglichkeit, die Versicherung aufgrund von Risikowegfall, also Verkauf oder Verlust des Pferdes, zu kündigen.

Die Pferdehaftpflicht ist nicht nur deswegen so wichtig, weil mit Pferden eben immer wieder Unfälle passieren können, sondern auch, weil Sie als Halter eines Pferdes der sogenannten „Gefährdungshaftung" unterliegen. Allein durch den Umstand, daß Ihnen das Pferd gehört, können Sie haftbar gemacht werden, auch wenn Ihnen im Einzelfall kein Verschulden nachzuweisen ist. Läuft also Ihr Pferd auf die Straße und verursacht einen Unfall, sind Sie als Besitzer derjenige, an den sich die Geschädigten halten müssen. Ob der Stallbesitzer die Zäune regelmäßig untersucht hat oder ob er Ihr Pferd unsachgemäß zur Wiese geführt hat, so daß es sich losreißen konnte, ist für den Ausgleich der Schäden erst einmal zweitrangig. Sie können bestenfalls beim Stallbesitzer Regreßanspruch anmelden – oder vielmehr Ihre Versicherung. Doch solche Regresse dauern nicht nur lange, ihr Ausgang ist auch mehr als zweifelhaft. Wenn Sie keine Versicherung abgeschlossen haben, kann ein durch Ihr Pferd verursachter Unfall Ihr gesamtes Leben ins Chaos stürzen. Deswegen: Sobald der Kauf perfekt ist, eine Haftpflichtversicherung abschließen!

Die Pferdelebensversicherung

Ähnlich wie für Menschen, so gibt es auch Lebensversicherungen für Pferde. Hier haben Sie die Wahl zwischen verschiedenen Vertragsformen, doch in der Regel ist der Fall versichert, in dem das Pferd unbrauchbar wird, geschlachtet werden muß oder auf anderem Weg zu Tode kommt. Manche Versicherer haben in ihren Bedingungen eine Klausel, nach der das Pferd nur dann von einem Tierarzt getötet werden darf, wenn der Besitzer das O.k. des Versicherers eingeholt hat. Denn die Versicherung möchte unter Umständen noch einen Sachverständigen hinzuziehen können. Das könnte im Einzelfall bedeuten, daß das Pferd schwerverletzt auf den Versicherungsbeauftragten warten muß, bis es getötet werden kann. Einen solchen Passus sollten Sie daher nicht unterschreiben.

Was die Unbrauchbarkeitsklausel angeht, kann es Ihnen passieren, daß Sie nur dann Geld sehen, wenn das Pferd getötet wird. Sie erhalten die Versicherungssumme also nicht, wenn Sie es – unreitbar wie es ist – als reines Weidepferd doch noch leben lassen. Zum Glück (für die Pferde) sind Lebensversicherungen einigermaßen teuer, so daß die Mehrzahl der Pferdebesitzer darauf verzichtet.

Die Krankenversicherung

Auch bezüglich der Tierarztkosten können Sie sich als Pferdehalter absichern. Doch die Prämien dafür sind meist so horrend, daß man sich fragen sollte, ob man dieses Geld wirklich investieren möchte. Wenn Sie ein paar tausend Mark für den allerschlimmsten Fall in Reserve haben oder monatlich auf ein Extrakonto 100 bis 200 DM zurücklegen, dann dürfte Ihnen eigentlich nichts passieren. Bleibt Ihr Pferd gesund – und je robuster und artgerechter Sie Ihr Pferd halten, um so eher ist das der Fall –, sparen Sie auf diesem Weg eine Menge Geld, das sonst der Versicherung gehören würde.

Die Ausrüstung

Ihr Pferd steht nun haftpflichtversichert im Stall. Jetzt ist es höchste Zeit, sich über die Ausrüstung Gedanken zu machen. Sie werden einiges benötigen – vom Sattel über Trense und Satteldecke, Putzzeug und Pferdedecke bis hin zu Pflegemitteln und was die Reitsportindustrie sonst noch für Sie bereithält.
In aller Regel werden Pferde ohne die notwendigen Ausrüstungsgegenstände verkauft. Profibetriebe benötigen ihre Sättel wieder für andere Pferde, während Privatleute häufig an der liebgewordenen Ausrüstung hängen.

Halfter und Führstrick

Diese Gegenstände brauchen Sie als erstes, denn ohne Sattel kommen Sie ein paar Tage aus, ohne Halfter und Strick kaum. Was für ein Halfter man kauft, bleibt letztlich dem persönlichen Geschmack überlassen. Ich habe immer wieder festgestellt, daß Lederhalfter für den Dauergebrauch weniger gut geeignet sind als entsprechende Markenhalfter aus Nylongewebe. Einige Firmen wie Kieffer, Hamilton oder Big D bieten wunderbare Stallhalfter aus doppelt genähtem Nylonband an, die mit Messingschnallen zu schließen sind. Es gibt sie in allen Farben – es ist richtig schwer, sich da zu entscheiden. Ist Ihr Pferd noch nicht ganz ausgewachsen, sollten Sie darauf achten, daß das Halfter auch am Kinn verstellbar ist. Mit guten Nylonhalftern haben Sie jahrelang Freude, sie verlieren weder Form noch Farbe, halten täglichen Gebrauch aus, und waschen kann man sie auch – sogar in der Maschine.
Der Führstrick sollte unbedingt dick sein, am besten aus Baumwollkordel. Mit den dünnen Kunststoffstricken kommt es immer wieder zu schlimmen Verbrennungen, wenn ein Pferd beim Führen in Panik gerät und dem Menschen den Strick durch die Hand zieht. So sind schon ganze Finger regelrecht abgeschmort worden. Daß man beim Führen eigentlich im-

Die Auswahl an Führstricken ist groß, doch wer auf Qualität achtet, muß schon ein paar Mark mehr investieren.

mer Handschuhe tragen sollte, ist zwar richtig – aber auch ziemlich unrealistisch. Wählen Sie also einen dicken Baumwollführstrick, am besten passend zum Halfter, damit er im Stall nicht so schnell andere Liebhaber findet. Gute Stricke sind wirklich überall sehr begehrt.

Panikhaken kann ich persönlich nicht empfehlen. Wenn sich ein Pferd beim Führen ruckartig losreißt, muß der Panikhaken ja aufspringen, und das Pferd lernt dabei, daß es nur fest genug ziehen muß, um freizukommen. Keine erstrebenswerte Lektion. Ich suche nach stabilen Karabinern, die leicht zu öffnen und zu schließen sind. Binde ich damit ein junges Pferd an, so vertäue ich den Strick an einem Pfosten über Kopfhöhe, damit sich das Pferd nicht durch Unachtsamkeit oder in Panik in der Anbindevorrichtung verheddern kann. Wer ganz sicher gehen will, kann ein Strohbändchen um den Anbindepfosten binden und das Pferd daran festmachen. Verwurschtelt es sich irgendwie in seinem Strick, reißt das Strohbändchen, und dem Pferd passiert nichts. Abgesehen davon haben Sie immer noch einen heilen Strick.

Der Sattel

Geben Sie sich keinen Illusionen hin: Auch das Sattelzeug, das Sie erwerben müssen, ist eine Investition. Lassen Sie bei Sätteln die Finger von Billigangeboten. Sättel, die neu um 1.000 DM herum kosten, werden Ihnen und vor allem Ihrem Pferd nicht lange Freude bereiten. Sie sind meist in Billigländern und überwiegend aus minderwertigem Leder gefertigt, denn anders ist der Preis ja nicht zu realisieren. Die Polsterung hält nicht lange, und oft kann man sie nur ein- oder zweimal aufpolstern lassen. Da ist es vernünftiger, sich nach einem

gebrauchten Markensattel umzusehen. Einige Pferdezeitschriften haben einen großen Kleinanzeigenteil, so daß Sie hier schon eine gewisse Auswahl haben. Auch bei Reitsportsattlern lohnt unter Umständen eine Nachfrage, ebenso in Reitsportgeschäften: Manche haben regelrechte Secondhand-Ecken.
Es hat natürlich wenig Sinn, sich erst zu informieren, wenn das Pferd im Stall steht. Besser ist es, eine generalstabsmäßige Anprobe durchzuführen, sobald sich Ihr Pferd eingewöhnt hat.

Kleine Sattelkunde für „klassische" Sättel

Ein „Englischsattel" wird von diversen Maßen bestimmt. Strippt der Reitsportsattler einen Sattel ab, so sieht man im vorderen Bereich am Widerrist einen geteilten Metallbügel, der die sogenannte Ortweite des Sattels bestimmt. Breite Pferde benötigen an der

Sattel-Messung

Versuchen Sie, Ihre Kaufentscheidung mit einem elektronischen Meßpad abzusichern. Dabei handelt es sich um eine mit Drucksensoren ausgestattete Sattelunterlage, die mit einem Computer und entsprechender Software verbunden ist. Sie mißt die Stärke des Drucks, den der Sattel auf den Pferderücken ausübt, und entlarvt so potentielle Druckstellen. Immer mehr Reitsportgeschäfte verfügen über dieses System, sein Gebrauch ist aber meist nur dann kostenlos, wenn Sie Ihren neuen Sattel auch im jeweiligen Geschäft erwerben. Entscheiden Sie sich für einen gut passenden Sattel aus einer anderen Quelle, so müssen Sie für die Messung zwischen 100 und 250 DM bezahlen – was angesichts der Investitionskosten für das System und des Zeitaufwands bei der Messung nicht verwunderlich ist. Kritiker des Systems – vor allem Reitsportsattler, die nicht damit arbeiten – bemängeln, daß der Sattel im Stand und nicht in der Bewegung verpaßt wird. Dabei muß man bedenken, daß in der Bewegung aufgrund der vielen Störfaktoren eben nicht mehr gesagt werden kann, ob ein eventueller Druckpunkt vom Sattel, vom Untergrund oder vom schlecht sitzenden Reiter kommt. Deswegen: Für einen Sattel, der im Stand perfekt paßt, spricht auf jeden Fall schon mehr als für einen, der bereits im „Trockentest" zwickt oder den man ganz ohne Messung erworben hat.

Ortweite und Billigsättel

Bei Billigsätteln ist das verwendete Metall oft nicht stabil genug für den jahrzehntelangen Gebrauch: Die beiden Schenkel, die die Ortweite bestimmen, bewegen sich bei schlechtem Material durch den Druck des Reitergewichtes mit der Zeit auseinander. Der Sattel muß dann aufgepolstert werden, weil er ansonsten drückt. Doch leider bringt diese Maßnahme nur kurzfristigen Erfolg, da die Metallteile weiterhin auseinanderdriften – bis zum Abbrechen eines Schenkels. Deswegen sollte man bei Sätteln dem Grundsatz folgen: besser zweite Hand als zweite Wahl.

Schulter eben mehr Platz als schmale, und diesem Umstand trägt der Abstand der beiden Metallteile Rechnung.

Die zweite Klippe auf dem Weg zur richtigen Paßform ist der Widerrist des Pferdes selbst. Es gibt Sättel mit gleicher Ortweite, aber unterschiedlich hoher Kammer. Passen gut zwei Finger zwischen Vorderzwiesel und Widerrist, dann ist der Sattel richtig. Als Polstermaterial wird heute nicht mehr nur Roßhaar verwendet. Bei teuren Sätteln findet man inzwischen Latexkerne, die in das traditionelle Polstermaterial eingebunden sind. Der Vorteil: Latex verändert weder seine Form, noch verliert es seine Elastizität. Es ist daher hervorragend als Stoßdämpfer geeignet.
Jetzt muß, als dritte Variable, noch Ihr sehr geehrtes Hinterteil in den Sattel passen, ohne daß die Backen über den Sattel quellen und ohne daß Sie sich wundscheuern. Schließlich möchten Sie sich im Sattel wohl fühlen. Auch hier gibt es unterschiedliche Größen: Sitzgröße 16,5 paßt zu zierlichen Damen, Größe 19 ist eher was für den gestandenen Herrn.
Betrachten Sie nun noch die gepolsterten Auflageflächen: Speziell für Gangpferde, für Haflinger und fürs Wanderreiten gibt es Sättel mit sogenannten Trachten. Das sind aufgesetzte Tragflächen, die dem Sattel eine noch größere Auflagefläche verleihen, womit der Druck durch das Reitergewicht weiter verteilt wird. Das Gewicht pro Quadratzentimeter Pferderükken wird also vermindert, die Pferde sind deswegen meist auch weniger „fühlig“ im Rücken.

Sattelleder

Das Leder eines Sattels sollte hochwertig sein, damit es nicht zu schnell verschleißt, sich dünn-

Rückenprobleme sind Reiterprobleme

Auch der Umkehrschluß ist zulässig: Pferde mit Rückenproblemen sollten Sättel bekommen, deren Auflageflächen größer sind, damit das Reitergewicht breiter verteilt wird. Das kann beispielsweise über ein Gelkissen, ein Latexkissen oder eine Satteldecke mit Latexkern erreicht werden – oder, noch besser, durch einen anderen Satteltyp. Suchen Sie, wenn Ihr Pferd im Rücken „klemmt", einen Sattel aus dem Lager der Arbeitsreiter, also der Reiter, die Kühe hüten und treiben mußten oder müssen. Dazu zählen die amerikanischen Westernsättel, Stocksättel, Vaquerosättel oder Gardiansättel, aber auch die neueren Wanderreit- und Distanzsättel sind geeignet, weil sie auf Langstrecken hin konzipiert sind.

Es ist auch sinnvoll, bei Rückenproblemen des Pferdes den eigenen Reitstil kontrollieren zu lassen. Verspannungen treten meist auf, wenn das Pferd von vorne nach hinten geritten wird, statt, wie es richtig wäre, von hinten nach vorne.

Besonders bequem für den Reiter, aber vor allem für das Pferd: elastische Bauchgurte mit „Seilzug-Effekt"

scheuert oder, noch schlimmer, reißt.

Markensättel sind aus dickem Rindleder, aus Nubuk-, Hirsch- oder Elchleder gearbeitet, Preislage in der Reihenfolge der Aufzählung. Elch ist das Nonplusultra – unvergleichlich soft und dabei enorm stabil. Aber Elchleder hat halt auch seinen Preis.

Satteldecken

Bei den Satteldecken sollten Sie darauf achten, daß sie sich gut und entsprechend heiß waschen lassen. Sie müssen so dick sein, daß sie keine Falten werfen, aber so dünn, daß Sie noch Tuchfühlung haben. Kaufen Sie die Satteldecke pas-

Neue Sättel „einreiten“

Ein neuer Markensattel muß ebenso „eingeritten“ werden wie ein junges Pferd. Ist er fabrikneu, so sollten Sie ihn in der ersten Woche ohne Satteldecke aufs Pferd legen. Er paßt sich dem Pferderücken dann durch den Schweiß und den Druck des Reitergewichtes optimal an. Bei gebrauchten Sätteln sollten Sie sich die Erneuerung des Polsters gönnen. Wenn Sie die Wahl zwischen runden Sattelkissen oder Keilkissen haben, bedenken Sie, daß Keilkissen eine größere Auflagefläche haben und so für das Pferd wesentlich bequemer sind. Alte Sättel lassen sich von einem guten Reitsportsattler entsprechend umarbeiten. Und auch bei gebrauchten, frisch gepolsterten Sätteln sollten Sie Ihrem Pferd ein paar Tage des „Einreitens“ gönnen.

send zu Ihrem Sattel. Es gibt mittlerweile Unterlagen für Englisch- wie für Westernsättel, die einen Latexkern haben und den Rücken des Pferdes entlasten können. Sie sind zwar verhältnismäßig teuer, in der Handhabung aber einfacher und unter Umständen sogar sinnvoller als die ebenso teuren Gelkissen, da der Latexkern hier bereits in eine Decke integriert ist. Gelkissen liegen bislang noch lose zwischen Sattel und Pferd, mit dem gelegentlichen Hang, sich in irgendeine Richtung zu entfernen. Nicht jedes Gelkissen ist sein Geld wert. Auch hier ist billig zu teuer gekauft. Gute Gelkissen, die wirklich den Druck verteilen und dabei auch noch ein paar Jahre halten sollen, haben auch ihren Preis.

Egal, welche hochwertigen Ausrüstungsgegenstände Sie erwerben wollen: Wenn Sie sich selbst noch keine sichere Einschätzung zutrauen, sollten Sie einen Freund oder Bekannten mitnehmen, der sich aus eigener Erfahrung auskennt – eben weil er dies und das ausprobiert hat. In guten Reitsportgeschäften, vor allem in solchen mit eigenem Sattlereibetrieb, treffen Sie aber meist auf versierte Fachkräfte, die Sie bedarfsgerecht beraten und Ihnen vielleicht sogar mal von einem Artikel abraten.

Kleine Sattelkunde für Westernsättel

Im Gegensatz zum Englischsattel ist bei einem Westernsattel auf der Pferdeseite nichts gepolstert. Entweder er paßt, oder er paßt nicht ... Man kann ihn nicht „hinbiegen“.

Das Kernstück ist auch beim Westernsattel der Sattelbaum, der

Satteldecken im Gebrauch

Schabracken, also rechteckige Sattelunterlagen, saugen ebenso wie „normale" Unterlagen in Sattelform den Schweiß auf, der ansonsten ins Leder des Sattels kriechen würde. Schon nach kurzem Gebrauch verklebt das Gewebe der Satteldecke durch Schweiß, Staub und Hornschüppchen aus dem Fell. Nehmen Sie deshalb Ihre Satteldecke je nach Schweißproduktion des Pferdes wöchentlich oder alle 14 Tage zum Waschen mit. Ihr Pferd wird es Ihnen danken.

wahlweise aus Holz oder aus Kunststoff besteht. Früher sagte man, Kunststoffbäume seien weniger haltbar und brächen leicht, aber inzwischen sind die verwendeten Kunststoffe so hochwertig, daß Sie eine eventuelle Materialermüdung wohl nicht erleben werden. Das Risiko, den Baum zu brechen, ist gleich Null. Der Vorteil eines Kunststoffbaumes liegt vor allem in seinem etwas geringeren Gewicht. Schon die Form des Sattelbaumes bestimmt den späteren Verwendungszweck des Sattels: Westernsättel mit stark hochgezogenem Horn und „tiefem" Sitz sind gut für die Disziplinen Horsemanship und Pleasure geeignet, Sättel mit flachem Sitz werden vor allem von Reining-Reitern gekauft. Auch die Paßform auf dem Pferd wird vom Baum bestimmt. Es gibt Bäume für Quarter Horses (und andere Pferde mit wenig Widerrist und breiter Schulter), solche mit soge-

Neu oder gebraucht, aufwendig punziert oder schlicht: Die Westernsattel-Angebote sind vielfältig, die Wahl ist schwer. Gute Sättel sind aber immer teuer – auch wenn sie schon ein bißchen Patina haben.

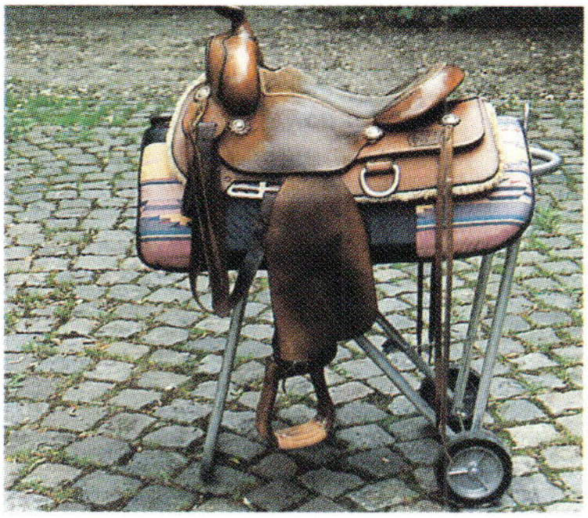

nannten „Semi-Quarter-Bäumen“ und andere mit „Arabian-Trees“, also Bäumen für schmale Pferde mit hohem Rist, wie das bei den meisten Arabern der Fall ist. Solche Größenangaben ersparen einem aber natürlich nicht das Anpassen des Sattels. Wenn Sie sich einen Westernsattel anfertigen lassen, wird der nackte, rohe Baum anprobiert. Liegt er korrekt auf dem Pferderücken, erfolgt der weitere Aufbau. Am Holzbaum, der schon bei der Fabrikation mit Rohhaut überzogen wird, werden die Lederplatten befestigt. Die Fender (Steigbügelriemen) werden eingehängt, und nach und nach bringt der Sattler die weiteren Elemente wie Sitzpolster und -leder, Ösen, Haken und Zierplatten an.
Bei Pleasure-Sätteln liegen die Steigbügelriemen deutlich weiter hinten als bei Modellen für andere Disziplinen, da in dieser Disziplin auf einen besonders korrekten Sitz geachtet wird. Die Beine müssen sich dabei in der Senkrechten befinden und dürfen nicht weit nach vorne weggestreckt werden, wie man das bei „Freizeit-Cowboys“ so oft sieht.
Am Schluß kommen die Verzierungen – von der Punzierung des Leders bis hin zu wertvollen Silberbeschlägen – an den Sattel. Wer’s schlicht liebt und von der Stange kaufen will, hat manchmal Schwierigkeiten, etwas Einfaches zu finden.
Angenehm finde ich persönlich die sogenannten „Rough-out“-Sättel, bei denen die rohe Seite des Leders nach außen zeigt. Das sieht nicht nur „zünftig“ aus – auch, weil diese Sättel nicht zu Showsätteln aufgemotzt werden –, das Rohleder läßt einen außerdem richtig im Sattel pappen. Allerdings nur im ersten Jahr, danach sind die Kontaktflächen ebenfalls blank, aber der Sattel hat eine wunderbare Patina.

Leder für Westernsättel

Im Gegensatz zum Leder der Englischsättel verwenden Reitsportsattler für Westernsättel stark geöltes Leder – entweder hochwertiges, stabiles Rindleder oder „Herman-Oak“-Leder, ein softes, stabiles Rindleder, das sich durch eine spezielle Gerbung gut über die Rundungen spannen läßt. Stark glänzende Westernsättel, womöglich mit auffälligen (weißen) Nähten aus dicken Lederbändern in langen Stichen zusammengeflickt, sind ein Indiz für Billigstware. Diese Sättel sind teilweise so schlecht gearbeitet, daß schon nach kurzer Gebrauchszeit auf der Pferdeseite Schrauben herausstehen. Dafür ist wirklich jede Mark zu schade.

Die Westernpolster: Sattelpads

Anstelle einer Satteldecke verwenden Westernreiter ein mehr oder minder dickes Pad. Ursprünglich

Sinn und Unsinn von Hilfszügeln

Hilfszügel sind, wie der Name schon sagt, (zusätzliche) Hilfen, um ein Pferd so zu begrenzen, daß es sich auch einer mangelhaften reiterlichen Einwirkung nicht entziehen kann. Kein Hilfszügel der Welt kann Ihnen aber den korrekten Sitz, eine ordentliche Hilfengebung oder eine gründliche Ausbildung ersetzen. Im Dauergebrauch rufen alle Hilfszügel mit der Zeit Veränderungen hervor, sei es, daß sich bestimmte Muskelpartien aufbauen, sei es, daß das Pferd permanent hinter dem Zügel geht oder im Maul abstumpft. Das liegt daran, daß das Pferd durch das zusätzliche Leder ja nicht mit einemmal einen höheren Ausbildungsgrad erreicht oder an Losgelassenheit gewinnt. Der Hilfszügel bewirkt nur, daß es im Moment besser aussieht. Vielleicht lernt das Pferd auch, seinen Kopf tiefer zu tragen und den Hals anders zu biegen – doch dann muß der Reiter den Hilfszügel abnehmen und daran arbeiten, das Gelernte auch ohne Zusatzleder umzusetzen.

Die Entscheidung für den einen oder anderen Hilfszügel sollte immer nur im Rahmen eines reiterlichen Ausbildungsprogramms getroffen werden – genau wie die Entscheidung, ihn zu einem bestimmten Zeitpunkt wieder abzunehmen. Leider kommt es viel zu oft vor, daß der Einsatz solcher Hilfskonstruktionen auf dem einsamen Entschluß eines frustrierten Pferdebesitzers beruht, der damit anderweitige Mängel auszugleichen versucht.

Schlaufzügel, Martingal, Chambon, Stoßzügel, Tie-down und wie sie alle heißen: Im Dauergebrauch sind sie alle die öffentliche Bekanntgabe, daß der Reiter das Reitenlernen aufgegeben hat und nur noch die Hebeltechnik obwalten läßt.

In Reitschulen werden die diversen Lederstrippen so häufig verwendet, weil ein Hilfszügel oft die einzige Möglichkeit ist, den Sitz eines Anfängers ein wenig zu schulen, ohne das Pferd an die Longe nehmen zu müssen.

Bevor Sie kurzentschlossen einen Hilfszügel kaufen, um ihn die Arbeit an Ihrem Pferd übernehmen zu lassen, sollten Sie es mit ein paar Wochen verschärftem Reitunterricht probieren. Ein, zwei Wochen Knochenarbeit am Stück bringen Sie und Ihr Pferd wesentlich weiter, so daß Sie danach über Ihr Ansinnen, ein Stückchen „Knebelleder“ zu erwerben, vermutlich nur noch milde lächeln können.

Welcher Westernsattel?

Wenn Sie damit liebäugeln, später an Turnieren teilzunehmen, sollten Sie sich nicht unbedingt für einen besonders auffällig geformten Sattel, also ein „Oldtimer-Modell“ oder ähnliches, entscheiden. Richter sind auch nur Menschen, und manche Abweichung von der Norm wird unbewußt negativ gewertet. Die Oldtimer sind auch nicht auf die Anforderungen eines Turniers zugeschnitten, Sie tun sich damit also ungleich schwerer, was Sitz und Haltung angeht. Leider denken viele Einsteiger in den Westernsport, daß es ein Sattel für 1.200 DM ja tun muß, vergessen dabei aber, daß dieser Sattel für maximal 400 U$ eingekauft worden ist. Schließlich kommen zum Einkaufspreis ja noch Fracht, Zoll und Steuer dazu, und der Händler möchte auch etwas verdienen. Kein seriöser deutscher Sattler kann einen neuen Westernsattel für 1.200 DM anbieten. An solchen Angeboten ist also in jedem Fall ein Haken. Ein vernünftig verarbeiteter Westernsattel aus solidem Leder und Lammfell ohne besondere Verzierungen kostet hierzulande solo, ohne Gurt und Vorderzeug, ab 2.000 DM aufwärts. Jede Mark weniger bedeutet, daß an grundlegender Qualität gespart worden ist.

waren solche Pads nur mehrfach gefaltete Decken, die das Pferd vor Druckstellen schützten und den Schweiß aufsogen.

Heute gibt es in jedem Westernshop zig Pads, die sich in Machart, Material und Wirkungsweise unterscheiden:

Das „normale“ Pad ist quadratisch, circa 80 mal 80 Zentimeter groß, zwei bis drei Zentimeter dick, mit Baumwollstoff überzogen und in unterschiedlichen Farben zu haben. An den Stellen, an denen es besonders beansprucht wird, also dort, wo die Riemen für den Bauchgurt entlanglaufen und unterhalb des Horns, ist es mit Lederteilen verstärkt. Gefüllt ist das

Ein gutes Pad ist weich, aber nicht lappig, stabil, aber nicht starr, und im Idealfall hält es ein paar Jahre.

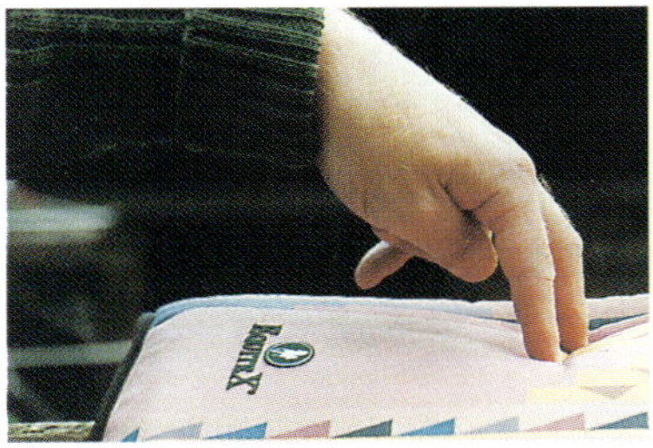

Pad in der Regel mit mehr oder minder gutem Filz. Manche Modelle enthalten auch Kunststoffeinlagen und hochwertige Pads eine Latexfüllung.
Dann gibt es Pads, die am Widerrist ausgeschnitten sind, was für Pferde mit höherem Widerrist empfehlenswert ist. Sie sind häufig an der Unterseite mit dem Kunstfell „Kodel“ überzogen, das Pferde richtig schwitzen läßt.
Da sich alle Pads schlecht waschen lassen – so ein bockiges Teil geht schon schwer in die Maschine und erzeugt dort eine entsprechende Unwucht, vor allem beim Schleudern –, kann man sich einen Pad-Überzug nähen oder auch eine dünne Filzunterlage drunterlegen.
Es gibt aber inzwischen auch Modelle, aus denen man die dicken Filzkerne herausnehmen kann, so daß man nur die weiche Hülle zu waschen braucht. Das wäre keine schlechte Lösung, wenn nicht auch diese Hüllen aus 100% Synthetik wären, was die Pferde kräftig zum Schwitzen bringt.
Zu guter Letzt seien noch die orthopädischen Pads erwähnt, die sich hinsichtlich ihrer Materialien, aber auch ihrer Wirkung stark unterscheiden. Die einen sollen durch ein entsprechend dickes Polster auf Höhe der Schulterblätter dafür sorgen, daß der Sattel nicht tief aufs Pferd sinkt, sondern oberhalb der Schultern bleibt, damit er das Pferd nicht in der Vorderhandaktion beengt. Vor allem für junge Pferde, deren Muskeln noch nicht so stark entwickelt sind und denen ansonsten der Sattel „über die Ohren“ rutschen würde, sind diese Pads zu empfehlen – vorausgesetzt, sie engen das Pferd in der Schulter nicht ein. Solche Pads sollte man unbedingt direkt am Pferd mit dem entsprechenden Sattel ausprobieren. Pads mit Latexkern sollen dagegen vor allem das Gewicht des Sattels gleichmäßig auf dem gesamten Pferderücken verteilen und die fehlende Polsterung ersetzen.

Zaumzeug und Zügel

Dieses Thema kann Bücher füllen. Deswegen werden hier nur in Kurzform die elementaren Kaufkriterien beschrieben.
Meiden Sie nach Möglichkeit Bil-

Billigmaterial Flankenleder – leicht zu erkennen, wenn sich beim Biegen deutliche Querrinnen ergeben. Es ist weniger strapazierfähig und liegt meist nicht so geschmeidig an wie qualitativ hochwertiges Leder.

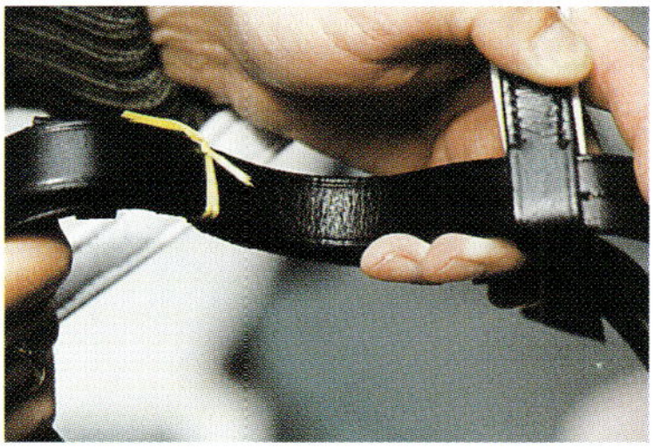

ligware. Sie wird überwiegend in Ländern der sogenannten Dritten Welt hergestellt – meist aus minderwertigem Leder, darunter viel Flankenleder. Auch Laien können gute Produkte ganz leicht von schlechten unterscheiden. Meist sind Billigzügel und Zaumzeuge richtiggehend „lackiert", das Leder ist also nicht soft gegerbt und durchgefärbt, sondern sieht angemalt aus. Die Nähte sind schlampig, die Stichlängen unterschiedlich, und es wurden dicke Garne verwendet. Die Lederstücke sind meist überbreit, flach und fühlen sich rauh an. Man kann das Leder prüfen, indem man es mit der Oberseite nach oben zwischen Zeigefinger und Daumen rund biegt. Zeichnen sich dabei tiefe Rillen ab, lassen Sie besser die Finger davon. Die 70 bis 100 DM, die so ein Billigzaumzeug kostet, sind relativ viel Geld – gemessen an der Lebensdauer und dem Paßkomfort eines solchen Teiles. Auch die Gerbmethoden sind, verglichen mit unseren Produktionen, überaltet. Oft finden sich im Leder solcher Billigprodukte Reste von Chrom, auf das eine ganze Reihe von Pferden allergisch reagiert. Da Allergien bei Pferden aller Rassen auf dem Vormarsch sind – meist in Form von Hautekzemen –, sollte man solche zusätzlichen Belastungen des Stoffwechsels vermeiden.

Die Sattel- und Zaumzeugpflege

Ein von den meisten Reitern ungeliebtes Thema: Die Sattelpflege ist vielen lästig. Aber Sättel, die regelmäßig (einmal im Vierteljahr reicht) gereinigt und gefettet werden, sehen nicht nur besser aus. Sie halten auch entschieden länger, da das Leder trotz Beanspruchung geschmeidig und strapazierfähig bleibt.
So ist's richtig: Erst einmal alle nicht befestigten Teile vom Sattel abnehmen und das Zaumzeug komplett in die Einzelteile zerlegen. Sattelseife auf einen feuchten Schwamm geben und damit die Glattlederteile abwaschen. Anschließend im Schatten trocknen lassen – auf keinen Fall in die Sonne legen! Danach reiben Sie die Teile – mit Ausnahme der Sattel-Sitzfläche – mit reichlich Lederfett ein und lassen es über Nacht einwirken. Am nächsten Tag übriggebliebenes Fett mit einem Lappen verreiben und den Sattel mit einem fusselfreien Tuch abreiben ... und anschließend die Nerven behalten, wenn Sie das Lederzeug wieder richtig zusammenbauen wollen.

Es gibt mittlerweile auch für Pferde „Ökoleder“, das mit natürlichen Methoden gegerbt wurde und natürlich auch seinen Preis hat – eine Investition, die man nicht nur bei einem Ekzempferd ernsthaft in Erwägung ziehen sollte.

Die Zügel sollten gut in Ihre Hand passen, also nicht zu breit, aber auch nicht zu schmal sein. Aus welchem Material sie sind, hängt von Ihren Ambitionen ab. Sind Sie ein aktiver Vielseitigkeitsreiter oder ein schneidiger Geländereiter, der keinen Sprung ausläßt, sollten Sie sich für Zügel mit Kunststoffnoppen entscheiden, die für verbesserte Griffigkeit sorgen. Reiten Sie überwiegend Dressur, womöglich mit Kandare, wählen Sie besser besonders schmale Zügel, damit Sie die Hände nicht mit Lederstrippen voll haben. Beim Kauf reicht es, einfach ein paar verschiedene Zügel in die Hand zu nehmen, Sie werden schnell Ihren Favoriten gefunden haben.

Gebisse

Das bei uns häufigste Gebiß ist die sogenannte Wassertrense, die bei den Westernreitern Snaffle Bit genannt wird. Man bekommt diese einfach gebrochene Trense in unterschiedlichen Dicken und aus verschiedenen Materialien. Schonender ist die doppelt gebrochene

Drei unterschiedliche Trensenformen. Die doppelt gebrochene Trense ist in diesem Trio das schonendste Gebiß.

Trense, die sich gut als Ausbildungsgebiß und für den täglichen Gebrauch eignet. Gerade wenn Sie ein Pferd neu erwerben und seine Eigenheiten und Besonderheiten noch nicht kennen, ist sie das Gebiß, mit dem Sie in der Regel am wenigsten falsch machen. Mit steigendem Ausbildungsgrad können Sie dann zu einer anderen Gebißform wechseln – ein Schritt, den Sie aber mit Ihrem Reitlehrer beziehungsweise Trainer besprechen sollten. Einem Problempferd wie einem Durchgänger oder Steiger einfach ein scharfes Gebiß einzuschnallen und loszureiten, ist Wahnsinn – und passiert viel zu oft!
Die Form eines Gebisses ist die eine Sache, das Material die andere. Es gibt hochwertige (und damit auch teurere) Gebisse, die ohne

Nickel produziert werden – Nickel ruft auch bei Pferden nicht selten allergische Reaktionen hervor. Daneben sind auch Gebisse aus reinem Eisen, eventuell mit Kupferkern oder Kupfereinlagen, erhältlich. Kupfer animiert das Pferd zum vermehrten Einspeicheln der Trense, Eisen rostet und schmeckt den meisten Pferden richtig gut. Man sieht ja auch immer wieder Pferde an verrosteten Metallteilen im Stall lecken. Das Abwaschen der Trense nach dem Gebrauch ist zwar üblich (es stammt noch aus den Zeiten der Kavallerie, als Pferd und Ausrüstung glänzen und blinken mußten), aber nicht besonders sinnvoll: Zum einen wird das Leder bei jedem Waschen naß, was seinen Verschleiß fördert, und zum anderen haben Pferde nichts gegen die Reste auf ihrer Trense – vor allem dann nicht, wenn sie damit so feine Dinge wie ein Leckerchen gefressen haben. Nur wir empfinden es eben als „eklig", wenn Speichelreste und sonstige Hinterlassenschaften auf etwas haften, was man später wieder in den Mund nehmen soll.

Wie dick soll ein Gebiß sein?
Das ist eine der vielen Glaubensfragen rund um den Reitsport. Wer sein Pferd ständig am Zügel reitet, womöglich noch mit wenig weicher Hand, der hilft seinem Pferd mit einem etwas dickeren Gebiß, das dem Tier aber noch gut ins Maul passen muß. Beim Signalreiten, das sich in der Freizeitreiterszene immer mehr durchsetzt und das man letztlich auch beim Westernreiten zu Beginn der Ausbildung deutlich sichtbar anwendet, können dünnere Gebisse verwendet werden, da ja nur kurz Druck auf das Gebiß kommt – und dann ist ein schmales Metallstück zwischen den Zähnen für das Pferd weniger störend. Wägen Sie das Für und Wider selbst ab, fragen Sie Fachleute, die Ihre reiterlichen Fähigkeiten einschätzen können, und entscheiden Sie dann.

Verschleißerscheinungen
Sie meinen, daß ein Gebiß ewig hält? O nein, keineswegs. Gebisse nutzen sich nämlich durch das Reiben der beweglichen Teile ab, sie „schlagen aus", wie man das in der Fachsprache nennt. Oft entstehen auf diese Weise mit der Zeit recht scharfe Kanten, die dem Pferd natürlich im Maul weh tun. Bei Billigfertigungen kann es sogar sein, daß die scharfen Kanten gleich mitproduziert werden. Also vor dem Kauf unbedingt genau hinfühlen! Sie sollten sich generell angewöhnen, regelmäßig einen kritischen Blick auf Ihre Ausrüstung zu werfen. Dann passieren Ihnen nicht so unangenehme und gefährliche Malheurs wie ein gerissener Sattelgurt, gerissene Bügelriemen oder gerissene Zügel, die durchaus vermeidbar sind.

Kandaren und Verwandte

Beim Englischreiten gibt es über die Trense hinaus Gebisse, die man so verschnallen kann, daß eine Hebelwirkung entsteht – etwa das Pelham und das Kimblewick. Beim Westernreiten heißt das einfach gebrochene Gebiß mit Anzügen Long Shank Snaffle Bit. Eine weitere Form der Gebisse stellen die Kandaren dar, bei denen es sich um durchgehende Mundstücke mit Anzügen handelt. Alle Gebisse, die mit Anzügen und Kinnkette kombiniert werden, gehören nur in die Hände von Reitern mit unabhängigem Sitz – und auch die Pferde müssen entsprechend gut ausgebildet sein. Keine Kandarenform, ob nun gebrochen oder ungebrochen, darf dafür mißbraucht werden, verrittene Pferde wie Durchgänger oder Steiger zu „bezwingen". Um ein Pferd zu korrigieren, muß man dessen Einstellung verändern, nicht die Zäumung.

Gebißlose Zäumungen

Gebißlose Zäumungen gibt es in ganz unterschiedlichen Wirkungsgraden. Die schwächste Form ist das Reiten mit Stallhalfter. Geht nicht? Aber sicher! Das Pferd muß nur anständig erzogen sein, damit es nicht jede Gelegenheit nutzt, um Sie zu veräppeln. Für den Ritt ins Gelände, womöglich mit mehreren Pferden, sollte man sich das Reiten mit Halfter aber sehr genau überlegen. Denn wenn es wirklich brenzlig wird, sind Sie einzig und allein auf den Verstand und die Nerven Ihres Pferdes angewiesen. Es gibt Tiere, die einen selbst in kritischen Situationen nicht enttäuschen. Aber um mit einem Pferd so weit zu kommen, sollten Sie schon einige Zeit konstruktiv zusammengearbeitet haben. Mit Ihrem neuen Pferd lassen Sie sich besser Zeit, ehe Sie nur mit Halfter ausreiten.

Die zweite Form ist das Bosal mit Mekate, die klassische Hackamorezäumung. Eine wunderbare Zäumung für Westernpferde, bildschön, ziemlich teuer und nur etwas für wirkliche Könner. Jean-Claude Dysli, einer der Pioniere des Westernreitsports in Europa, ist ein Meister des Bosals und sein rührigster Werber, aber die Verwendung dieser Zäumung setzt eine große Portion Rittigkeit und einen hohen Ausbildungsgrad beim Pferd voraus – und entsprechendes Können beim Reiter. Das Bosal können Sie, so Sie denn western reiten, als Endziel anstreben. Bis dahin steht Ihnen aber wahrscheinlich noch ein bißchen Arbeit bevor.

Häufig findet man auch die mechanische Hackamore, eine Zäumung, die überflüssig wäre, wenn die Pferde besser erzogen und geritten würden. Die mechanische Hackamore, die über einen Hebelmechanismus wie ein Schraubstock wirkt, empfinde ich immer als eine Bankrotterklärung des Reiters. Sidepulls, zu denen ich auch das Merothische Reithalfter zähle, sind Zäumungen, die in der Regel einen Druck auf die Kinnlade des Pferdes ausüben, wenn man die Zügel annimmt. Sie werden bei Schulpferden in Westernställen gerne verwendet, da ein Anfänger dem Pferd mit einem Sidepull nicht großartig weh tun kann – jedenfalls weniger als bei der Zäumung auf Trense. Wenn Sie mehr über Zäumungen und Gebisse lernen wollen, sollten Sie sich die Literaturvorschläge auf Seite 170 ansehen.

Die Pferdedecke

Pferdedecken fanden früher Verwendung, wenn das verschwitzte Arbeitspferd zusammen mit seinem Menschen eine Pause machte. Da schützte die Decke das nasse Tier vor zu starkem Auskühlen und hielt die Muskeln warm. Heute benötigt man Pferdedecken eigentlich nur für zwei Gelegenheiten: für den Transport im Winter und wenn das Pferd krank ist. Wer sein Pferd schlecht reitet, benötigt noch eine sogenannte Abschwitzdecke, die auf das nasse (!) Pferde gelegt wird und die Feuchtigkeit nach außen transportiert. Rechtzeitiges Aufhören und entsprechend langes Trockenreiten wären natürlich

Bilder, die für sich sprechen: zu warm eingedeckt, zu wenig Bewegung, alle Haare ab und mit Öl aufgepeppt – das gibt richtig „schöne“ Pferde. Wie hieß es doch bei Asterix: Die spinnen, die Römer.

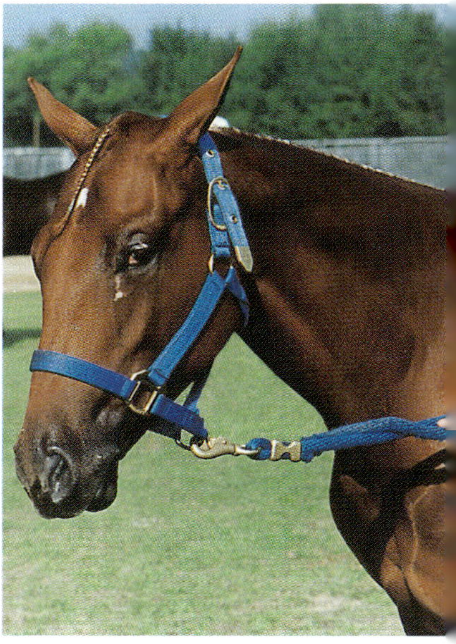

wesentlich besser. Aber solange es Abschwitzdecken gibt, werden Faulpelze sie auch benutzen ...
Eine Decke, die ein Pferd wärmen soll, ist idealerweise aus Wolle und liegt passend auf, ist also nicht zu lang und nicht zu kurz. Mit Klettverschlüssen, Schnallen oder Schnürbändern kann man die Decke so befestigen, daß sie von der Brust bis zum Hinterteil geschlossen ist, ohne zu verrutschen.
Polyesterdecken erfüllen diese Bedingungen nicht. Denn beim Transport geht der kühle Fahrtwind ungehindert hindurch, und kranke, fiebrige Pferde schwitzen unter der „Chemie“ noch mehr. Wolle ist eben unübertroffen temperaturausgleichend, das schafft so schnell kein anderes Material.
Von amerikanischen Herstellern gibt es dicke Steppdecken, die auch warm sind und dazu etwas stabiler als die herkömmlichen Wolldecken. Aber dick und bockig wie sie nun einmal sind, benötigen sie viel Stauraum, und die Temperatur unter der Decke ist oftmals Glückssache.
Sie sollten Pferdedecken nicht benutzen, um Ihrem Pferd im Winter den Stall noch gemütlicher zu machen. Pferde passen die Dicke ihres Fells der Umgebungstemperatur an. Deswegen haben Offenstallpferde auch so einen dicken Pelz. Ein warmer Winterstall mag für uns Menschen heimelig sein, für die Pferde ist er nicht gesund.

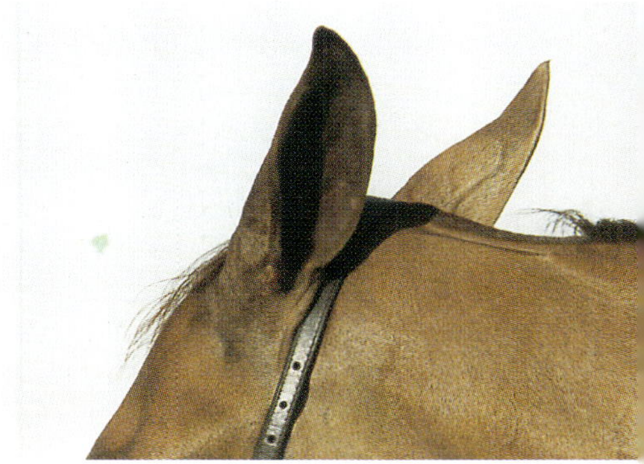

Das Ausrasieren der Ohren macht den Weg für jede Form von Insekten frei. Die Borsten in den Ohren haben schon ihren Sinn.

Denn in warmen Ställen breitet sich der Ammoniak aus dem Urin stärker aus, was zu einer höheren Belastung der Atemluft führt. Auch der Unterschied zwischen der Innen- und der Außentemperatur ist größer und für das Pferd schwieriger zu verarbeiten – es sei denn, Sie reiten von November bis April in der Halle und lassen Ihr

Die Schweinerei mit den Halter-Pferden

Eine echte Schweinerei ist die in der Western- und Araberszene verbreitete reine Showdisziplin namens Halter, in der Pferde wie Modehunde an der Hand ausgestellt werden. Um das Fell dünn, kurz und farbintensiv zu halten, werden diesen Pferden sommers wie winters mehr oder minder dicke Decken aufgelegt. Für die Schauen rasiert man den Pferden die Tasthaare am Maul komplett ab – dabei wären sie auf die „Nachrichten“ ihrer Tasthaare bei der Nahrungsaufnahme und bei der Orientierung an Gegenständen dringend angewiesen. Auch die Ohren werden diesen Pferden ausrasiert, ohne Rücksicht darauf, daß die Haare dort dem Schutz vor Insekten dienen. Beides, das Ausrasieren der Ohren und das Abrasieren der Tasthaare, ist in Deutschland nach dem Tierschutzgesetz verboten. Dennoch finden die Schauen in dieser Form statt – einfach nur, weil damit viel Geld zu verdienen ist.

Da man sich „niedliche, kleine“ Hüfchen wünscht, werden viele dieser Pferde permanent in eine Stellung mit viel zu kurzer Zehe und zu steiler Winkelung gezwungen. Verbunden mit dem Übergewicht, das an muskulöse Athleten erinnern soll, führt das bei vielen Tieren sehr früh zu so starken Problemen mit den Hufen, daß sie nicht einmal mehr angeritten werden können.

Für die Schauen selbst werden die Pferde mit Vaseline, Öl und Goldpuder geschminkt und „verschönert“. Es ist eine Qual, sich die genervten Gesichter solcher armen Tiere anzusehen. „Pferdeliebhaber“, die so etwas veranstalten, machen sich offensichtlich überhaupt nicht klar, daß sie einem lebenden Wesen gebenüber Verantwortung übernommen haben und daß es sich um ein Tier handelt, das Luft und Licht und Artgenossen benötigt. Statt ihnen dieses Mindestmaß an Lebensqualität zu geben, sperrt man die armen Tiere 24 Stunden am Tag, sieben Tage in der Woche und 52 Wochen im Jahr in ihre Boxen, füttert sie bis zum Kragen voll und bewegt sie nur an einem „Horsetrainer“, damit sie „Muckis“ bekommen. Der Deutsche Painthorse Verband ist derzeit der einzige Westernpferde-Zuchtverband in Deutschland, der derartige Machenschaften auf deutschen Shows verboten hat. Ein Pferd, das rasiert vorgestellt wird, kann deshalb nicht deutscher Meister werden. Wenn viele Leute schon nicht über die Pferde nachdenken – an Geld, Pokale, Schleifen und Titel denken sie immer.

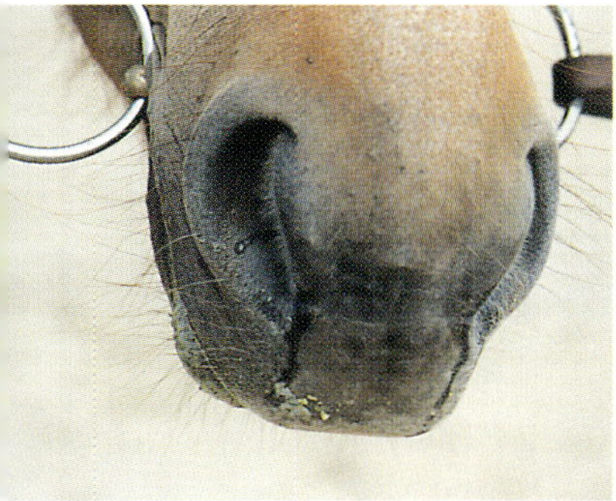

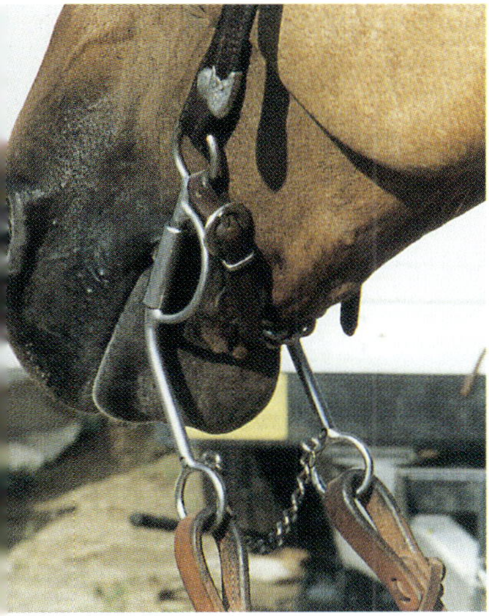

Die Tasthaare dienen dazu, Futter zu identifizieren und vorzusortieren.

Tier keinen Tag in einen Paddock oder auf eine Winterweide.
Geben Sie anderen ein Vorbild und zeigen Sie Ihren Pferdeverstand, indem Sie Ihr Pferd nicht ständig eindecken. Pferde leben seit Jahrmillionen im Freien – mit einem an die jeweilige Temperatur angepaßten Fell und nicht mit Decken auf dem Rücken und Strohbettchen zum kuscheligen Schlafen.

Gamaschen und Bandagen

Gamaschen sollen das Pferdebein beim Training stützen und schützen, bei Turnieren sind sie meist nicht erlaubt. Gamaschen sind Bandagen aus meiner Sicht vorzuziehen. Denn gerade beim Bandagieren schnüren viele Reiter zu fest, weil sie Angst haben, die Dinger zu verlieren. Das gilt vor allem für Geländereiter, denn naß gewordene Bandagen verlieren schnell ihre Elastizität und machen sich dann selbständig.

Neoprengamaschen sind leicht anzulegen und schützen die Pferdebeine beim Training.

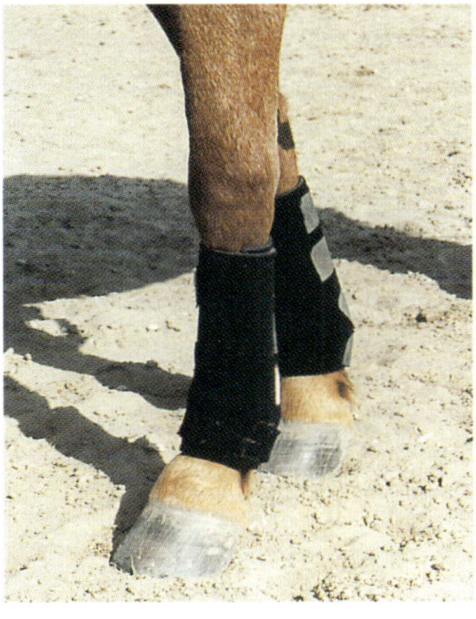

Apropos Bandagen

Es gibt Leute, die anstelle der amorphen Masse, die man gemeinhin als Gehirn bezeichnet, offenbar doch ein Vakuum im Kopf haben. Anders wäre die folgende, leider wahre Begebenheit nicht denkbar: Der Besitzer zweier Ponys wollte sich nicht damit abfinden, daß sich die Pferde am Schweif scheuerten. Statt ihnen vielleicht einmal eine Wurmkur zu verabreichen, bandagierte er kurzerhand die Schweife. Damit die Bandagen auch nicht verrutschen konnten, zog er sie ein bißchen fester an, und weil's sonst Mühe gemacht hätte, ließ er die Ponys kurzerhand samt Bandagen auf der Weide.

Die Schweifrüben sind bei beiden Pferden aufgrund der unterbundenen Durchblutung abgestorben, die Reste mußten amputiert werden.

So ein Schweif gehört nicht bandagiert, sondern untersucht: Wurmbefall oder ein Ekzem können die Ursache für starken Juckreiz sein. Ab und zu erreicht man schon durch einfaches Waschen mit Babyshampoo, daß es aufhört zu jucken.

Neopren-Gamaschen sind als Schutz beim Verladetraining, als Unterstützung der tiefen Beugesehne beim Dressur- und Springreiten sowie als Polster beim Training im Geschicklichkeitsparcours sehr praktisch. Sie sind schnell angelegt, verrutschen nicht, und es ist kaum möglich, sie zu fest anzuziehen. Aber: Die Richter wollen sie nicht sehen, weder bei Englisch- noch bei Westernreitern. Deswegen müssen sie zum Turnier runter.
Da Pferde aber ohne Gamaschen und Bandagen auf die Welt kommen, kann man davon ausgehen, daß sie sie nicht unbedingt zum Überleben benötigen. Sie sind als Schutz bei besonderen Aktionen gedacht und nicht als Dauereinrichtung.

Fellpflege – und was man dafür braucht

Die Pflege des Pferdefells durch den Menschen hat zwei Ziele. Zum einen entfernt man damit den Schmutz, der beim Reiten Scheuerstellen unter dem Sattelzeug erzeugen würde, zum anderen hält man das Fell frei von Parasiten.
Dazu hat die Pflege zwei wunderbare Nebenwirkungen: Das Putzen massiert die Muskeln des Sportpartners Pferd, und es schafft Vertrauen zwischen Tier und Reiter. Wenn das Pferd also schon sauber ist, schadet es aus diesen beiden Gründen trotzdem nicht, noch ein bißchen zu bürsten und zu massieren. Dem Pferd tut es gut.
Gerade am Anfang, wenn Sie und Ihr Pferd sich noch nicht miteinander vertraut gemacht haben, ist es sehr sinnvoll, viel zu putzen und zu massieren. Sie beide lernen einander dabei nämlich kennen, und die „Anwärmphase“ wird deutlich abgekürzt.
Auch später sollten Sie das Putzen fest einplanen und sich mindestens 20 Minuten Zeit dafür nehmen. Für Sie als Besitzer ist die Manier, mit der Ihr Pferd diese Prozedur hinter sich bringt, ein Indiz für seine Tagesform. Beim Bürsten merken Sie, ob es an speziellen Stellen

Die Mindestausrüstung ist schnell beschafft: ein Gummistriegel, eine grobe Bürste, eine kleine und eine große Kardätsche ... Das reicht für die tägliche Fellpflege. Doch mit der Zeit quillt jeder Putzkoffer über.

Waschen und duschen

Wenn Schweif und Mähne schon eine bräunliche Farbe haben, verstrubbelt oder verklebt sind und womöglich übel riechen, ist es an der Zeit, das Shampoo herauszuholen und die Haare zu waschen. Wenn Ihnen kein Pferdesolarium zur Verfügung steht, sollten Sie nur an warmen und windstillen Tagen ans Werk gehen. Warm bedeutet, daß die Temperaturen auch in den Stunden nach dem Waschen nicht unter 21 Grad sinken, womit abendliche Waschaktionen in der Regel nicht in Frage kommen.

An heißen Sommertagen, an denen die Fliegen um Ihr Pferd sirren, das vielleicht nach dem Reiten verschwitzt ist, können Sie ihm eine Dusche bereiten. Also: Wasserschlauch andrehen und bei den Beinen mit dem Abkühlen beginnen. Duschen Sie erst alle vier Hufe nach und nach ab und arbeiten Sie sich dann langsam nach oben vor, wenn Sie sicher sein können, daß das Pferd schon ein bißchen abgekühlt ist. Wenn Sie gleich an Brust und Hals beginnen, riskieren Sie einen Herzschlag.

Die Nierenpartie des Pferdes sollten Sie nur dann abduschen, wenn Ihr Vierbeiner dort sehr schmutzig oder verschwitzt ist. Die Nieren sind neben dem etwas anfälligen Kreislauf der zweite Schwachpunkt im Konstruktionsplan „Pferd“.

Um ein Pferd nach dem Reiten abzukühlen, reicht es oft, nur die erhitzten und verschwitzten Stellen mit reinem Wasser abzuspritzen – also Hufe, Fesseln, Beine, Popo, Sattellage, den Unterbauch, Gesäuge/Schlauch und den Hals. Shampoo brauchen Sie nur, wenn auch Schweif und Mähne richtig sauber werden sollen, zum Beispiel vor einer Zuchtschau. Sie sollten dann ein sehr mildes Produkt verwenden, das nach Möglichkeit auch rückfettet. Babyshampoo ist hierfür wohl am besten geeignet.

verspannt ist, ob der Rücken schmerzt oder ob es irgendwo eine Verletzung hat. Sie finden auch heraus, wie es heute generell gelaunt ist und ob es gesund ist.

Dazu benötigen Sie natürlich auch entsprechendes Putzzeug. Die Mindestausrüstung besteht aus einem weicheren Gummistriegel, einer groben Bürste gegen den schlimmsten Dreck und einer mittelharten, ebenfalls grobborstigen für die Mähne, einer weichen Bürste (Kardätsche) für den Körper, einem

Puschel-Füße

Einige Pferderassen sind mit starker Kötenbehaarung gesegnet, in aller Regel Pferde mit Kaltblutanteil und Ponys. Diese Haare, die die Fesseln vor Nässe schützen sollen, müssen besonders gut gepflegt werden, damit sich dort keine Parasiten einnisten – etwa die lästigen Haarlinge, kleine saugende Plagegeister, die das Fell nach einer Weile aussehen lassen, als hätten die Motten darin gehaust.

Um das Pferd davor zu schützen, reicht es aus, die Fesselhaare beim täglichen Putzen mit Bürste und Kamm durchzuarbeiten.

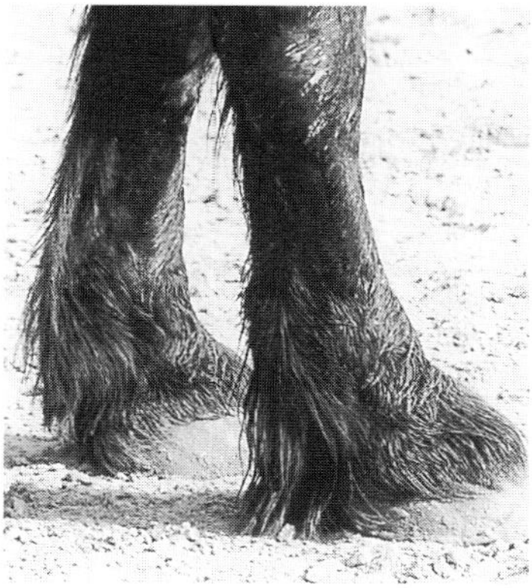

Pferde mit ausgeprägter Kötenbehaarung benötigen mehr Pflege als solche mit „blanken Fesseln". Wer die Puschel nicht täglich ausbürstet und ab und zu auskämmt, wird bald Ungeziefer am Pferd haben.

Mähnenkamm und einem Hufkratzer. Eine kleine, weiche „Schmusebürste" für den Kopf ist auch nicht schlecht, damit man dem Pferd nicht mit einer Riesenbürste im Gesicht herumwischt.

Dann brauchen Sie noch zwei Schwämme: einen für Augen und Nüstern, den anderen für Po und Geschlechtsteile. Dazu kommt eventuell ein Kaktustuch, mit dem Sie den restlichen Staub, den Sie herausgebürstet haben, anschließend entfernen können.

Trotzdem finden sich bei den meisten Privatpferdehaltern schon nach kürzester Zeit auf wundersame Weise unzählige weitere Bürsten und Gummistriegel ein, feine und grobe Kämme, breite und schmale Wurzelbürsten ... und all die anderen herrlichen Dinge, die der Reiter fürs Pferd zu benötigen glaubt. Sie sind allesamt unnötig, aber es ist schön, sie zu kaufen, auszuprobieren und zu besitzen. Sie werden da auch keine Ausnahme machen, verlassen Sie sich drauf. Und selbst wenn Sie Zurückhaltung üben: Endlich wissen Ihre Kollegen, Bekannten und Freunde, Verwandten und Nachbarn, was sie Ihnen zu Weihnachten, zum Geburtstag und zu sonstigen Anlässen schenken können: Pferdezeug natürlich, ist doch klar.

Pflegemittel

Zu guter Letzt beschäftigen wir uns, rein ausrüstungstechnisch, noch mit den Mittelchen und Tinkturen, die in großen und kleinen Dosen, Tuben und Flaschen angeboten werden, um dem Pferd durchs Leben zu helfen.

Fliegenschutz

Am gebräuchlichsten sind die Anti-Fliegenmittel, wobei damit weniger die Fliegen, sondern vielmehr ihre beißenden Verwandten, die Kriebelmücken, Bremsen und Pferdebremsen verjagt werden sollen. Es gibt derzeit rund 20 verschiedene Fliegenschutzmittel, die meisten in flüssiger Form zum Aufsprühen oder Auftragen mit einem Schwamm, einige auch in Gelform. Hält man sich an die Gebrauchsanweisung und verteilt die Mittel auf dem gesamten Pferdekörper, hat man tatsächlich für die Dauer eines Rittes einigermaßen Ruhe. Die meisten Fliegenschutzmittel enthalten Naturstoffe wie Zedern- und Zitronenöl, einige auch Kokosöl, Geranienöl und/oder Knoblauchessenzen. Andere sind auf Basis eines synthetischen Wirkstoffes gemischt, womit aber keineswegs gesagt werden soll, daß diese Stoffe für ein Pferd bedenklicher sind. Es gibt genügend „Naturstoffe“, die sehr scharf wirken, starke Allergien hervorrufen und mehr schaden als ein sorgsam entwickelter Wirkstoff aus dem Reagenzglas. Solche „Retortenmittel“ sind in ihrer Wirkung meist feiner eingestellt. Wir haben nur inzwischen gelernt, „Chemie“ mit negativen Attributen zu belegen – aus meiner Sicht oft zu Unrecht.
Sicher: Es ginge auch ohne – in der freien Wildbahn sprüht ja auch keiner ein Pferd ein ... Aber mit einem Fliegenschutzmittel hilft man dem Pferd eben ein bißchen.
Allen Mitteln ist eines gemeinsam: Sie wirken nur eine begrenzte Zeit (maximal acht Stunden) und nur dann, wenn man das Pferd komplett und rundherum reichlich ein-

Gel sieht appetitlich aus – verbraucht sich aber schneller als flüssige Fliegenschutzmittel.

sprüht oder -schmiert. Körperstellen, an denen Sattelelemente oder Geschirrteile aufliegen, sollten Sie nicht behandeln. Zum einen ist es unsinnig, da diese Partien abgedeckt sind. Zum anderen es ist für das Pferd unter Umständen auch unangenehm, weil sich aus chemischer Wirkung plus Wärme plus mechanischem Reiz durch das Lederzeug eine wunderbare Mischung ergibt. Empfindliche Haut wird dadurch leicht überreizt und wehrt sich auf unterschiedliche Arten: mit Allergien, Ausschlägen, Neigung zu Satteldruck, starkem Juckreiz ... um nur einige mögliche Reaktionen zu nennen. Also: Nur dort einreiben, schmieren und sprühen, wo auch Insekten ans Pferd kommen können.

Die Behandlung mit Fliegenmitteln ist ein recht teures „Vergnügen", speziell bei der Verwendung von Gel. Bis Sie ein Pferd komplett vom Kopf bis zum Schweif, an allen vier Beinen, am Hals, unter dem Bauch und rund um Gesäuge/Schlauch mit Gel imprägniert haben, sind rund 500 Gramm Gel verbraucht, bei der Verwendung einer flüssigen Lösung ist es nur die Hälfte. Ein bißchen was geht ja auch immer daneben. Da eine Dose Gel mit 1.000 Gramm Inhalt nicht unter 23 DM kostet, macht das 11,50 DM pro Tag und rund 350 DM im Monat – es sei denn, es regnet. Es lohnt sich also, bei Fliegenmitteln auch auf den Preis zu sehen und gleich das Fünf- oder Zehn-Kilo-Gebinde zu kaufen. In heißen Sommern werden Sie es benötigen.

Manche Reiter behelfen sich schon allein wegen der Kosten mit eigenen Mixturen aus Essig, Zitronen- und Zedernöl, die mit etwas Wasser gemischt werden, und füttern Knoblauch zu. Das hilft angeblich genauso gut. Bedenken Sie aber beim Umgang mit ätherischen Ölen und natürlichen Essenzen, daß auch diese starke Allergien hervorrufen können. Nicht alles, was natürlich ist, ist auch gesund.

Wichtig ist vor allem, daß Sie Ihr Pferd, wenn Sie es in der Wärme geritten haben, anschließend abwaschen, damit es weniger „appetitanregend" riecht. Anschließend tragen Sie dann noch einmal Fliegenschutz auf, damit es auf der Weide nicht ganz so sehr geplagt wird.

Kühlgels

Kühlgels und Restitutionsfluids sind für Pferde gedacht, die zu dicken Beinen neigen – auch aufgrund ihrer vermehrten Arbeit in kurzen Reprisen, wie das bei Dressurpferden der Fall ist. Ob sie das angenehm finden, wissen nur die Pferde selbst. Beim Auftragen sollten Sie nur darauf achten, daß das Pferd die eingeriebenen Stellen beim Scheuern mit dem Kopf nicht gut erreichen kann. Denn die kühlende Wirkung beruht meist auf der Verwendung von Eukalyptus- oder Pfefferminzölen – beides Substanzen, die brennen, wenn sie in die Augen geraten. Wenden Sie die Kühlmittel nicht im Bereich der Schleimhäute an und auch dort nicht, wo die Haut empfindlich ist wie etwa in der Fesselbeuge und am Gesäuge/Schlauch.

Fellglanz, Mähnenspray & Schimmellösung

Pferde sind bekanntlich Ferkel, vor allem, wenn man sie (artgerecht) auch bei schlechtem Wetter auf Wiese und Paddock läßt. Pferdefreunde, die ihren Schützling nach draußen lassen, müssen eben entsprechend lange putzen. Nach einer Stunde Staub schlucken (speziell im Winter, wenn der Matsch am schönsten und das Fell am längsten ist) ist das Pferd zwar einigermaßen sauber, doch man selbst lechzt nach einer ausgiebigen Dusche. Kommt zu alledem noch eine Weihnachtsquadrille, eine Reitstunde oder ein Turnier, so greift man schon einmal zur „chemischen Keule“ und besprüht sein Pferd mit allem, was das Fell schneller sauber und leichter kämmbar macht. Auch hier ist die Palette riesig und die Auswahl schwer.

Die meisten dieser Mittel enthalten Silikon, was dazu führt, daß sich das Fell seltsam rutschig anfühlt. Meist bleibt beim Anfassen auch noch etwas davon an der Hand haften, was noch Stunden nach dem Kraulen ein merkwürdiges Gefühl verursacht – außer, man kann die Hände irgendwo mit warmem Wassser und Seife waschen.

Im Sommer ist ein Mähnenspray nach dem Schampoonieren von Mähne und Schweif zum Auskämmen der verzubbelten Haare sehr empfehlenswert, denn auch Pferde schätzen das Ziepen beim Bürsten nicht besonders. Erfreulicherweise fällt der Dreck aus behandelten Haaren auch später schneller und leichter wieder raus. Ein Grund mehr, sich ein solches Fläschchen auf Vorrat zu legen.

Schimmellösung oder Schimmelweiß hilft beim Entfernen der „Äpfelflecken“ und des zarten Grüntons, der nach dem Wälzen auf der Weide am ursprünglich weißen Pferd zurückbleibt. Aktive Turnierreiter mit Schimmeln sollten mindestens eine Flasche davon im Putzkoffer haben.

Die Erstausrüstung auf einen Blick

Sattelzeug:

- ein Stallhalfter
- ein dicker Baumwollführstrick
- ein Sattel
- eine Satteldecke, gegebenenfalls mehrere
- ein Bauchgurt, zwei Steigbügelriemen und Steigbügel, unter Umständen ein Schweifriemen
- ein Zaumzeug
- ein Mundstück, in aller Regel eine doppelt gebrochene Trense
- ein Paar Zügel

Putzzeug:

- ein Putzkoffer (wenn Sie viel auf Turniere gehen wollen, ein trittsicherer)
- eine Kardätsche
- ein Striegel (möglichst aus Gummi, viele Pferde sind empfindlich auf der Haut)
- eine Kopf- oder Schmusebürste
- ein Mähnenkamm
- eine grobe Bürste für den schlimmsten Dreck
- zwei Hufkratzer, einer aus Metall, der andere aus Kunststoff
- ein Kaktustuch
- ein Telefonbüchlein mit den Nummern von Tierärzten, Schmieden, Pferdefreunden, Anhängerbesitzern – und für Notfälle eine Telefonkarte

Pflegemittel:

- Fliegenspray
- Mähnen- und Schweiflotion
- Melkfett (für die Fesselbeugen im Winter)
- Shampoo

Dazu kommt noch eine kleine Stallapotheke (siehe Seiten 149/150).

Der richtige Umgang

Ihr Pferd steht nun im Stall, seine Ausrüstung ist da oder zumindest bestellt. Jetzt beginnt die Routine, das tägliche Leben mit Ihrem ersten eigenen Pferd. Vieles wird Ihnen merkwürdig vorkommen, und die Antwort auf so manche Frage werden Sie sich mühsam erarbeiten müssen.

Erste Schritte zur Partnerschaft

Jetzt beginnen die ersten zarten Schritte auf dem Weg zu einer hoffentlich langen Partnerschaft. Denken Sie daran: Ein Pferd ist kein Automat. Sie sind ihm fremd, der Stall ist ihm fremd und die anderen Pferde auch. Seine Lebensgewohnheiten ändern sich, wahrscheinlich sogar das Futter. Es ist verlassen von allem, was ihm vertraut war, und jetzt muß es sein gesamtes Leben neu ordnen.

Es ist natürlich auf der Suche nach sozialer Anbindung, aber wenn man als Pferd auf die Welt gekommen ist, ist diese Suche zwangsläufig mit der Frage nach der eigenen Stellung im Gefüge einer (neuen) Herde verknüpft.
Diese Frage wird es auch an Sie stellen. Es wird Sie testen. Sind Sie wirklich das neue Herrchen oder Frauchen, das – aus seiner Sicht – in der Lage ist, es zu beschützen, wenn ein Raubtier kommt? Diese Frage ist ja der Grundstock all seiner Reaktionen: Es muß schnell genug weglaufen, damit es nicht gefressen wird, aber unter Umständen wird es eben nur dem Herdenchef blind hinterhergaloppieren, weil der mehr Ahnung hat. Sie müssen, damit Ihr Pferd Ihnen vertrauen kann, in der Rangordnung über ihm stehen. Und da Pferde die Frage nach der Stellung in der Herde untereinander mit entsprechend dominantem Auftreten beantworten, müssen Sie Ihrem Pferd gegenüber auch selbstbewußt und stark sein. Nur bei den Menschen werden Memmen als Chefs hingenommen.

Der ideale Ausblick auf Ihr neues Pferd

Glauben Sie's ruhig: Legen Sie sich zu Ihrem Pferd auf die Wiese. (Vorsicht, diese Empfehlung taugt nicht für eine Junghengstweide!) Pferde sind unheimlich neugierig, und diese Neugier sollten Sie ausnutzen, damit sich Ihr Pferd mit Ihnen beschäftigt. Legen Sie sich ins Gras, besehen Sie sich die Wolken und warten Sie einfach mal ab. Sie können ja noch ein Buch mitnehmen, falls Sie Angst haben, daß Sie sich langweilen könnten. Sie werden aber sicher nicht lange allein bleiben. Ganz, ganz vorsichtig wird sich Ihr Pferd sein neues Herrchen oder Frauchen begucken.
Sie sollten sich natürlich nur auf der Wiese ausstrecken, wenn Ihr Pferd dort alleine ist. Sich in der Eingewöhnungsphase mitten in die Herde zu legen, könnte dann doch etwas ungemütlich werden ...

So riecht also mein neues Herrchen.

Der ideale Reitlehrer ...

Nicht jeder, der in der Mitte einer Reitbahn steht, ist auch dazu befähigt. Zum einen ist die fachliche Kompetenz wichtig, die Ihr Reitlehrer nachweisen kann, wenn er Reitwart, Reitlehrer FN, Bereiter oder Pferdewirtschaftsmeister Reiten ist beziehungsweise eine ähnliche Qualifikation erworben hat. Zum anderen muß er auch über pädagogisches Gespür verfügen.

Bisher gibt es nur für die „Englischreitlehrer“ und die Islandpferdetrainer gesicherte Ausbildungsrichtlinien und entsprechende Prüfungen, für den Westernbereich fehlten lange entsprechende Möglichkeiten. Die meisten, die heute Unterricht im Westernreiten erteilen, haben einige Zeit bei „Größen“ der Westernszene gearbeitet und gelernt – zum Beispiel bei Jean-Claude Dysli, Roger Kupfer, Kai Wienrich, Hardy Oelke oder George Maschalani, um nur einige wenige zu nennen –, oder sie sind reine Autodidakten. Erst langsam tragen die Bemühungen der Ersten Westernreiter Union Deutschlands (EWU) Früchte, in Zusammenarbeit mit der Deutschen Reiterlichen Vereinigung (FN) entsprechende Richtlinien aufzustellen und Ausbildungsgänge anzubieten.

Doch auf den Zertifikaten Ihres Reitlehrers können Sie nicht reiten. Egal, wie viele Scheine er nun hat oder nicht hat – wichtig ist, daß er sein Wissen vermitteln kann und daß Sie nach seinen Anweisungen harmonischer reiten und besser mit Ihrem Pferd umgehen können.

Eine Reitstunde mit 14 Reitern in einer Halle oder auf dem Platz nützt nur dem Reitlehrer oder dem Verein etwas – der kassiert nämlich 14mal – und vielleicht noch den drei Teilnehmern, die am besten reiten. Die anderen gehen in der Menge glatt unter. In einer Reitstunde hat selbst ein guter Ausbilder mit sechs Schülern mehr als genug zu tun, um alle Fehler zu korrigieren und den einzelnen Reiter individuell zu fördern.

Ideal sind natürlich Einzelstunden oder ganz kleine Gruppen mit zwei oder drei Reitern. Dieser Unterricht ist deutlich teurer, aber auf lange Zeit gesehen effizienter. In zehn guten Einzelstunden lernen die meisten mehr als in einem Jahr Gruppenunterricht. Es lohnt sich also, über einige Wochen und Monate Einzelstunden zu buchen – speziell dann, wenn das Pferd neu ist oder der Reiter noch viel zu lernen hat. Und welcher Reiter hat das nicht ...

Aber auch der persönliche Stil muß stimmen. Ein Reitlehrer, der nur herumbrüllt, ständig schlecht gelaunt ist und mies erklärt, ist keine Hilfe. Auch Hardliner, wie sie in der Westernszene gerade unter den selbsternannten „Trainern" häufig anzutreffen sind, sollten Sie sich und vor allem Ihrem Pferd ersparen.
So kommen Sie gut zurecht: Sehen Sie sich den Unterricht Ihres potentiellen Reitlehrers einige Stunden lang in Ruhe an. Gefällt Ihnen seine Art und lernen Sie bereits beim Zusehen, dann könnte er es wirklich sein. Auch die Atmosphäre beim Unterricht und im Stall muß stimmen. Nehmen Sie Grobheiten nicht hin – egal, ob sich diese gegen Sie oder gegen Ihr Pferd richten. Wehren Sie sich gegen Brutalitäten. Sie müssen sich nicht sagen lassen, daß Sie zu dick, zu unbegabt oder einfach nur dusselig sind. Und Ihr Pferd sollte nicht mit Gerte und Sporen vom Reitlehrer drangsaliert werden. Ruhe und Selbstdisziplin, Beherrschtheit und Gerechtigkeitssinn zusammen mit einer dicken Prise Humor und einem Herz für Pferde ergeben einen wirklich guten Reitlehrer. Wenn schon strafen, dann bitte mit Überlegung und kurz. Profilneurotiker gehören nicht auf Ihr Pferd.

Ein Pferd, das bei Ihnen Schwächen erkennt, wird versuchen, diese auszunutzen. Das liegt in seiner Natur – und das dürfen Sie sich nicht einfach gefallen lassen! Eine resolute Einstellung ist für Sie langfristig viel gesünder. Dabei geht es a priori gar nicht um reiterliche Schwächen wie eine harte Hand oder einen schlechten Sitz, sondern vielmehr um die Konsequenzen daraus: Können Sie sich aus Angst (weil Sie schlecht sitzen) bei Ihrem Pferd nicht durchsetzen, wenn es im Galopp zu schnell wird, so werden Sie vielleicht nicht mehr so gerne galoppieren wollen. Durch den immer seltener werdenden Galopp wird Ihr Pferd von Mal zu Mal hitziger, und Sie kriegen's immer mehr mit der Angst zu tun. Die Folge: ein Pferd, das sich beim Galoppieren wie verrückt gebärdet, und ein Reiter, der jedesmal die Angst in den Knochen hat. Ein Teufelskreis.
Oder Sie geben – weil Sie wissen, daß Ihre Hand eigentlich zu hart ist, Sie Ihrem Pferd aber nicht weh tun wollen – extra schlappe Zügelhilfen, die das Pferd nicht versteht. Und weil es sie lieber als „Zurück in den Stall" interpretieren möchte statt „Wir gehen jetzt auf diesem Weg ins Gelände" zu verstehen, wird es probieren, zum Stall zu-

Mit dem Pferd unterwegs: Wanderreiten

Ideal zum Zusammenwachsen mit einem Pferd sind Wanderritte über mehrere Tage. Ihr Pferd wird dabei etwas länger als sonst gefordert und macht deshalb nach einer Weile keine Faxen mehr. Sie bekommen Zutrauen, weil's abends schon viel besser geklappt hat als noch am Morgen. Die gemeinsam bewältigte Strecke läßt das gegenseitige Vertrauen wachsen. Und nach einigen Tagen fühlen Sie sich ohne Pferd unterm Hintern schon komisch. Die Hilfen – selbst wenn sie nicht lehrbuchgetreu sind – kommen automatisch, Sie müssen nicht mehr über die einzelnen Hand-, Bein- und Sitzsignale nachdenken ... Und unmerklich wird aus Ihnen und Ihrem Pferd ein Team.

Auch das Tier selbst wird Ihnen vertraut: seine Atemgeräusche, seine Art zu fressen, seine Vorlieben und Abneigungen im Gelände, seine Ängste und sein Mut. Und Ihrem Pferd geht es nicht anders: Es lernt, daß Sie ihm nichts Böses wollen, wenn Sie es beim Aufsteigen vielleicht mal in den Bauch pieken. Es begreift, daß Sie unter Umständen etwas Zeit benötigen, ehe Sie im Sattel sind. Es weiß, wie Sie es auftrensen, mit welchem Kommando und welchen Handgriffen Sie es zum Hufegeben auffordern, und es erkennt Ihre Stimme und Ihre Schritte. Nach einer Woche ist die „Trennung" voneinander ganz komisch und die Vorfreude auf den nächsten größeren Ritt schon wieder da.

Ein Pferd „einfach so" zu satteln und für mehrere Tage aufzubrechen, wäre allerdings ziemlich unvernünftig. Abgesehen von geeigneter Ausrüstung und einem ausgearbeiteten Routenplan benötigen Sie ein vollständig ausgewachsenes Pferd mit entsprechender Kondition. Junge Pferde eignen sich nicht für Wanderritte, weil ihre Gelenke noch weich und ihre Sehnen und Bänder noch nicht kräftig genug sind, um lange beansprucht zu werden. Bei einem Wanderritt werden Sie aber mindestens fünf Stunden, meist sieben bis zehn, im Sattel sitzen, und Ihr Pferd muß Sie tragen, ohne schlappzumachen.

Auch wenn Ihr Pferd genügend fit wäre, also nicht schnell schwitzt und sich anbietet, sollten Sie vernünftig sein und nicht starten, bevor es ganz ausgewachsen ist. Das ist in der Regel frühestens im Alter von fünf Jahren, bei einigen Rassen erst mit sechs oder sieben Jahren, der Fall.

Auch ein erwachsenes Pferd benötigt zur Vorbereitung mehr als die tägliche Stunde unterm Sattel oder den Ausritt am Wochenende. Die Kondition muß allmählich aufgebaut werden. Das bedeutet, daß Sie schon Wochen vor dem ersten Wanderritt mit dem Streckentraining angefangen haben – täglich drei Stunden und am Wochenende entsprechend mehr.
Wenn Sie während des Rittes genügend Pausen einlegen, dürften Sie so keine Probleme bekommen.

rückzustreben. Wenn Sie jetzt nicht durchgreifen, kann Ihr Pferd wieder einen Sieg verbuchen. Diese „witzigen" Geschichten, die vom Zappeln beim Hufegeben bis hin zum wilden Buckeln bei jedem Rascheln reichen, lassen sich unendlich weitererzählen. Nur für denjenigen, der sie bei seinem Pferd täglich erlebt, sind sie alles andere als komisch.

Aus diesem Grund ist es ratsam, die ersten Monate unter fachkundiger Aufsicht zu reiten, sooft es eben geht. Ein Reitlehrer sieht zum einen, was Sie genau in der einen oder anderen Situation tun müssen, er ermutigt Sie dazu und gibt Ihnen das entscheidende Quentchen Sicherheit. Wird es Ihnen doch einmal zu brenzlig – zum Beispiel, weil Ihr Pferd bei starkem Wind oder Föhn besonders hitzig wird –, kann er das Pferd ja „zwischennehmen", bevor Sie in den Sattel steigen. Dazu sollte er als Reitlehrer in der Lage sein. Und an den Tagen, an denen Sie Ihren Mut zusammennehmen und es gleich selbst probieren, haben Sie ein Erfolgserlebnis, das sich in Ihren gesamten reiterlichen Fähigkeiten dauerhaft niederschlagen wird – einfach, weil Sie inzwischen dazugelernt haben und weil Ihr Pferd täglich aufs neue erlebt hat, daß es mit Frechheiten nicht durchkommt.

Eines ist allerdings komisch: Viele Pferdebesitzer haben eine geradezu neurotische Scheu vor Reitunterricht, fast so, als hätten sie erwartet, daß das „Reitenkönnen" automatisch mit dem Kauf eines Pferdes einherginge.

Seien Sie sicher: Mit Ihrem eigenen, neuen Pferd reiten Sie zu Anfang eine ganze Klasse schlechter als mit „Ihren" Schulpferden. Und da müssen Sie mit fachgerechter Hilfe erst einmal durch. Das Phänomen, daß man mit seinem neuen Pferd schlechter reitet, ist gar nicht so unerklärlich: Sie möchten Ihrem eigenen Pferd ja vor allem nicht weh tun. Nichts falsch machen. Nicht ungerecht sein. Seine Gesundheit und seine Psyche nicht

überlasten. Und ein Pferd riecht das wie ein Hund die Wurst. Wundern Sie sich also nicht, wenn Sie während der ersten Stunden mit dem neuen Pferd immer wieder „Jetzt trau Dich doch!" oder „Nur Mut. Das klappt schon!" von Ihrem Reitlehrer hören.
Nach einigen Wochen haben Sie diese erste Hürde erfolgreich gemeistert, und dann geht es an den zweiten Schritt, das Zusammenwachsen.

Hilfe, hab' ich dieses Biest gekauft?

Viele Pferde verändern sich vom Charakter her stark – vor allem junge, die frisch angeritten den Besitzer gewechselt haben. Zum einen spielt da natürlich die oben geschilderte ängstliche Behandlung durch den Besitzer eine Rolle, zum anderen kann es aber auch sein, daß Ihr Pferd schlicht und ergreifend erwachsen wird. Womöglich bekommt es bei Ihnen noch einen deutlichen Wachstumsschub und mausert sich zur dominanten Pferdepersönlichkeit. Seine Charakterzüge prägen sich aus, und vielleicht läßt es sich schneller auf eine Keilerei in der Herde ein oder beginnt Unarten zu entwickeln.
Es gibt unzählige Pferdebesitzer, die sich nach einigen Monaten fragten, wo sie eigentlich beim Kauf ihre Augen gehabt haben. Sie hatten doch ein ruhiges, sanftes, freundliches Tier erworben, und jetzt steht plötzlich ein ausgemachter Satansbraten im Stall.
Den sachgerechten Umgang mit einem Pferd muß man lernen. Mit diesem Sachverstand wird man normalerweise nicht geboren, sondern man muß ihn sich sukzessive aneignen. Die theoretischen Grundkenntnisse kann man noch durch Lektüre erwerben, aber die praktischen eben nur durch Versuch und Irrtum, mit und ohne fachmännische Anleitung. Reichen Sie Ihr Pferd bei reiterlichen Problemen aber bitte nicht von Hand zu Hand, damit sich jeder im Stall mal daran versuchen kann, sondern bitten Sie einen Fachmann um Rat. Wenn Sie mit Reitunterricht allein nicht die gewünschten Fortschritte machen, sollten Sie es mal mit einem „Crash-Wochenende" versuchen. Es gibt Wochenendkurse zu allen möglichen Themen, und da ist sicher auch in Ihrer Nähe etwas für Sie dabei.
Sehr empfehlen kann ich alle Kurse und Veranstaltungen, die auf Bodenarbeit aufbauen. Meist werden solche Schulungen von „autorisierten Reken-Trainern" oder den sogenannten „TTEAM Practioneers" (TTEAM steht für „Tellington Touch Equine Awareness Method") abgehalten. Während letztere nach der Methode der Amerikanerin Linda Tellington-Jones unterrichten und direkt von ihr autorisiert sind, ist der Begriff

„Reken“ schon fast zum Codewort für diejenigen geworden, die bewußt und artgerecht mit ihren Pferden umgehen wollen.
Das ist so gekommen: Reken ist eine kleine Stadt im Münsterland, die das Glück hatte, daß dort vor einigen Jahrzehnten das sogenannte „FS-Testzentrum“ ins Leben gerufen wurde – und zwar von Ursula Bruns, der „Grande Dame“ der deutschen Freizeitreiterszene, die auch als eine der ersten Isländer nach Deutschland brachte. Dort wurde und wird nicht nur Ausrüstung rund ums Pferd getestet, sondern auch generell nach Alternativen zur traditionellen Pferdehaltung und zur herkömmlichen „englischen“ Reitweise gesucht. Sie wurden fündig, die Rekener, und sie haben verdammt hart für ihre Einstellung gekämpft, sind vielen auf die gewienerten Stiefel gestiegen und haben Raum für einen anderen Umgang mit Pferden geschaffen. Sie entwickelten Alternativen zur vielerorts praktizierten „Hau-drauf-Reiterei“, die nach immer härteren Zäumungen schrie, und führten der staunenden Pferdewelt wohlerzogene Pferde vor, die selbst vor Feuer, Fahnen und Furiosem keine Angst mehr hatten. Das erreichte und erreicht man nicht, indem man Pferde zur Selbstaufgabe zwingt, sondern indem man sie motiviert, mitzuarbeiten, ihre Scheu abzulegen und Vertrauen aufzubauen.
Die Leute in Reken zeigten auch – und sie haben es in all den Jahren immer und immer wieder bewiesen –, daß sich gute Erziehung und kooperative Mitarbeit nicht auf Ponys beschränken muß (weil die ja angeblich eh durch nichts zu erschüttern sind), sondern daß Pferde aller Rassen und Charaktere geschult und umerzogen werden können ...
Durch Rekener Initiative, zusammen mit einigen großen Islandpferdezüchtern, wurden auch die Gangpferde in Deutschland hoffähig gemacht, und in Reken bot man neuen Reitweisen, die heute schon gar nicht mehr so neu sind, die Möglichkeit zur Präsentation: Der Westernreitsport profitierte anfangs von Reken, ebenso die klassisch-iberische Reitweise.
Bodenarbeit schadet keinem Pferd: Es lernt, an der Hand und angebunden ruhig zu stehen sowie Schritt für Schritt auf die Kommandos seines Menschen zu reagieren. Jedes Pferd wird durch solches Training positiv stimuliert und kommt so dem Traumpferd ein Stückchen näher.

Der Tellington-Touch

Die amerikanische Pferdetrainerin Linda Tellington-Jones, die mittlerweile Weltruhm erlangt hat, hat eine Massagemethode für Pferde entwickelt, die auf der Lehre von

Moshe Feldenkrais basiert. Sinn dieser Techniken ist es einerseits, Verspannungen aufzuspüren und nach Möglichkeit aufzulösen. Andererseits werden durch die Stimulation der Muskeln und durch das Üben neuer Bewegungsabläufe Gehirnströme aktiviert, die Arbeit des Gehirns wird gefördert, und bestehende, unliebsame Verhaltensmuster werden durchbrochen.

Ein ganz einfaches Beispiel: Viele Reiter wünschen sich bei ihrem Pferd raumgreifende Bewegungen. Man kann diese schon bei jungen Pferden trainieren – lange bevor sie unter den Sattel kommen –, indem man im Stehen ein Bein des Pferdes aufnimmt und es vorsichtig nach vorne herauszieht. Das Wort vorsichtig sollte man im Geiste zehnmal unterstreichen, denn solche Übungen müssen mit unglaublich viel Gefühl durchgeführt werden. Sonst kann es passieren, daß man Muskeln und Sehnen zerrt oder Bänder überdehnt. Der Aktionsraum des Beines wird also durch diese Übung am Boden in aller Ruhe vergrößert. Dieses Mehr an Bewegung wird nicht nur in den Extremitäten erlernt, sondern auch im Kopf gespeichert. Das heißt, daß sich das Pferd diesen Bewegungsablauf auch später unter dem Sattel zutraut, weil es ihn ja schon ausgeführt hat, und von sich aus raumgreifender tritt.

Sie lernen in diesen Kursen aber beispielsweise auch, wie Sie mit TTEAM-Techniken Koliken im Ansatz behandeln und die Zeit, bis der Tierarzt eintrifft, sinnvoll überbrücken können.

Es lohnt sich also, dazuzulernen. Möglichkeiten hierfür gibt es inzwischen selbst im abgelegensten Dörfchen.

Wenn die eigene Zeit nicht reicht

Reitbeteiligungen

Bei einer Reitbeteiligung übernimmt ein Reiter einen Teil der mit der Pferdehaltung vebundenen Kosten. Als Gegenleistung darf er das Pferd zu festgesetzten Zeiten reiten.

Was sich so einfach anhört, birgt aber jede Menge Komplikationen. Fangen wir beim wichtigsten Punkt an: beim Geld. Der Kostenbeitrag richtet sich nach den laufenden Ausgaben für das Pferd, wenn es gesund ist. Das heißt, daß Reitbeteiligungen in noblen Turnierställen in der Regel auch teurer sind als Reitbeteiligungen an Pferden, die auf einer Wiese leben. Abgesehen davon, daß die Chance, ein wertvolles und gut ausgebildetes Turnierpferd zu reiten, eben auch entsprechend teurer gehandelt wird.

Nehmen wir einen ganz normalen Fall: Die monatliche Stallmiete liegt bei rund 500 DM, dazu kommen die laufenden Kosten für Beschlag, Impfungen, Wurmkuren und so weiter. Darf die Reitbeteiligung das Pferd an drei Tagen in der Woche reiten, sollte sie deswegen monatlich rund 200 bis 250 DM bezahlen.

Lebt ein Pferd „nur“ auf der Wiese und wird von da ins Gelände geritten, so daß keine Möglichkeit besteht, Reitunterricht zu nehmen oder eine Halle zu benutzen, sind's vielleicht nur 100 DM. Und bei einem guten Turnierpferd in einem entsprechend hochwertigen Stall mit erstklassigem Reitlehrer und reichlich Trainingsmöglichkeiten in Halle(n) und auf diversen Außenplätzen können auch 400 DM und mehr verlangt werden. Am besten fragt man einfach mal beim Betreiber oder, besser noch, bei ein paar anderen Haltern mit Reitbeteiligungen im Stall nach, welcher Betrag hier üblich ist.

Die Reitbeteiligung hat aber nicht nur Rechte wie das Reiten des Pferdes, die Teilnahme am Unterricht und gegebenenfalls an Turnieren, sondern auch Pflichten: Die Tage, die mit der Reitbeteiligung vereinbart werden, müssen von ihr verläßlich eingehalten werden, und sie hat mit dem Pferd auch vernünftig umzugehen – ein Punkt, der eigentlich keiner Erwähnung bedürfen sollte. Aber die Praxis lehrt, daß es besser ist, darüber zu sprechen. Welche Spielregeln dabei gelten, bestimmen Sie. Klären Sie also mit einer neuen Reitbeteiligung die wesentlichen Punkte ab, lassen Sie auch Erziehungsfragen, das Verabreichen von Leckerchen und faires Reitverhalten wie etwa langes Abreiten und ausgiebiges Trockenreiten nicht unerwähnt.

Schließen Sie mit Ihrer Reitbeteiligung ruhig einen schriftlichen Vertrag, in dem Sie gemeinsam die Eckpfeiler Ihrer Vereinbarung festhalten. Denken Sie auch an die Zahlungsweise und an Kündigungsfristen, und regeln Sie, wie lange Ihre Reitbeteiligung weiterzahlen muß, wenn Ihr Pferd für längere Zeit erkranken sollte. Eine gute Reitbeteiligung zahlt vielleicht nach einem Monat nicht mehr für das kranke Tier, kümmert sich aber an den vereinbarten Tagen weiter um den pflegebedürftigen Sportsfreund.

Kurzfristige Krankheiten des Pferdes, Krankheiten und Urlaubszeiten der Reitbeteiligung oder auch nur „ausgefallene" Tage – aus welchem Grund auch immer – sind kein Grund, den Kostenbeitrag anteilig zu kürzen. Klären Sie das gleich zu Beginn ab. Es handelt sich um eine monatliche Pauschale, sonst könnte man ja auf Stundenbasis abrechnen – was zweifelsohne deutlich teurer käme.

Eine Reitbeteiligung sollten Sie auch nach erfolgter „Einstellung" und Einweisung nicht einfach sich selbst überlassen. Es empfiehlt sich, im späteren Tagesbetrieb in Kontakt zu bleiben und ein Auge darauf zu halten, was mit Ihrem Pferd geschieht. Es schadet nicht, an „Beteiligungs-Tagen" mal unangemeldet vorbeizuschneien, ein bißchen beim Reiten zuzusehen und Präsenz zu zeigen. Das spornt den Mitreiter an, und für Sie ist es einfach beruhigend zu wissen, daß Ihr Pferd nicht vergurkt wird.

Mehr als drei verschiedene Reiter sollten Sie Ihrem Pferd nicht zumuten. Wenn also Sie und Ihr Lebenspartner und noch eine Freundin darauf reiten, dann ist für eine Reitbeteiligung kein Platz mehr. Ihr Pferd ist ja kein Verwandlungskünstler, und die Wahrscheinlichkeit, daß alle gleich gut und mit denselben Kommandos reiten, geht gegen Null. Ihr Pferd muß sich bei jedem neuen Reiter umstellen und dessen Hilfen richtig deuten. Es kann auch passieren, daß der eine etwas durchgehen läßt, was der andere nachdrücklich bestraft. Ein Pferd braucht einen festen Ansprechpartner, und im Idealfall sind Sie das alleine, vielleicht mit Hilfe eines Profis. Eine Reitbeteiligung ist immer ein Kom-

promiß, den wir eingehen, weil die Kosten höher sind als kalkuliert oder weil unsere Zeit nicht immer zum Reiten an sieben Tagen in der Woche reicht.
Ein richtiger Glücksfall ist es, wenn Ihre Reitbeteiligung wesentlich besser reitet als Sie oder aber viel mehr Zeit (auf die richtige Weise) investieren kann. Das ist leider nicht so oft der Fall. Ich persönlich habe die besten Erfahrungen mit Reitbeteiligungen gemacht, die älter als 30 Jahre waren. Da ist die aufregende Zeit der Partnersuche meist vorbei, im Beruf ist ebenfalls soweit alles klar, und die Kinder sind womöglich schon aus dem Gröbsten raus ... Dann ist auch die Chance größer, daß die Einstellung stimmt.

Pflegemädchen

Als Pflegemädchen bezeichnet man all die kleinen und größeren Mädels – meist im Alter zwischen zehn und 14 Jahren –, die ihre gesamte Freizeit in Reitställen verbringen. Sie sind stets damit beschäftigt, ihren Lieblingen den Himmel auf Erden zu bereiten, sie investieren ihr gesamtes Taschengeld in Möhren, Leckerwürfel und Äpfel, putzen mit Hingabe das schmuddeligste Pony sauber und sind sich für keine Stallarbeit zu schade. Manchmal kann man gar nicht glauben, welche Bärenkräfte ein zierliches Mädchen angesichts eines vollen Wassereimers entwickelt, der für ein Pferd bestimmt ist. Für ihre Mühe und ihre Verläßlichkeit dürfen die Mädels dann ab und zu kostenlos ein Pferd reiten – oft genug aber auch nur putzen. Es ist für die Mädchen ein riesiger Unterschied, ob sie sich um irgendein Schulpferd kümmern können oder aber um „ihr" Pflegepferd.
So schön der Job für das Pflegemädchen und eigentlich auch immer für das Pferd ist – man sollte sich darüber im klaren sein, daß man als Halter nun auch noch stundenweise zum „Babysitter" wird. Denn ein Mädchen einfach so machen zu lassen, geht in der Regel nur in der Anfangszeit gut. Ist die erste Begeisterung verflogen, fliegen die guten Vorsätze in der Regel hinterher. Es gibt nur wenige Kinder, die der Versuchung widerstehen können, mit „ihrem" Pferd Unfug anzustellen. Das reicht vom Reiten ohne Sattel (auf der Weide, wo's kein intolerantes Erwachsenenauge erspähen kann) über ständiges Füttern bis hin zu „Kunststücken" des Pferdes – etwa, jedesmal zu schnappen, wenn man in den Sattel steigt. Wer also keine Zeit hat, die Kinder anzuleiten, ihnen Pferdeverhalten und den richtigen Umgang mit den Tieren zu erklären und sämtliche Grundlagen zu vermitteln, der sollte es sich sehr überlegen, ob er die

Verantwortung für ein solches Mädchen übernehmen kann – und möchte.

Haftung für andere Reiter

Egal, ob Pflegemädchen oder Reitbeteiligung: Lassen Sie sich von allen Leuten, die sich öfter auf Ihr Pferd setzen werden, unterschreiben, daß sie auf eigene Gefahr reiten, daß sie auf die Gefahren des Reitsports hingewiesen wurden und daß Sie keine Haftung übernehmen. Bei Kindern sollten die Eltern sowieso eine Einverständniserklärung unterzeichnen, in die Sie einen entsprechenden Passus integrieren sollten. Das Tragen eines Sturzhelmes nach DIN oder Euronorm sollten Sie ebenfalls als Verpflichtung aufnehmen, denn passieren kann beim Umgang mit Pferden immer etwas, und wenn's tatsächlich zu einem Unfall kommt, müssen Sie sich wenigstens keine Vorwürfe machen.

Grundlagen der Fütterung

Die Tafel richtig decken: Da läuft den Pferden das Wasser im Mund zusammen.

Sie sind natürlich ab sofort auch für die Fütterung Ihres Pferdes verantwortlich. Selbst wenn Sie als Einstaller in einem Pensionsstall das Futter weder persönlich einkaufen noch eigenhändig die Futterkelle schwingen, sollten Sie wissen, wieviel ein Pferd wovon benötigt und ab wann es Zeit ist, die „Freßbremse“ zu ziehen.

Vorsicht bei Futterumstellungen!

Pferde reagieren auf krasse Futterumstellungen zum einen mit vermehrter Neigung zu Koliken und, was auch bei den meisten langsamen Umstellungen der Fall ist, mit verändertem Hufwachstum. Es entstehen richtige Ringe im Hufhorn. Deshalb sollten Sie, egal, wie schlecht und unsachgemäß die Fütterung bislang war, das gewohnte Futter mit dem neuen mischen und die Umstellung über einen Zeitraum von zwei Wochen ausdehnen. Bitten Sie dazu beim Pferdekauf um eine detaillierte Futterauflistung und gegebenenfalls um den Namen von Fertigfutter – oder, besser noch, kaufen Sie dem Stall direkt einen Sack Futter ab. Lassen Sie dann im neuen Stall das hier übliche Futter mit dem „alten" Futter mischen: in der ersten Woche im Verhältnis zwei Anteile „alt" auf einen Anteil „neu", in der zweiten Woche kommt ein Anteil „alt" auf zwei Anteile „neu", und ab der dritten Woche können Sie das neue Futter alleine füttern.

Nach dem Vorbild der Natur: Gras und Heu

Die Frage nach Art und Menge des Futters ist eine Wissenschaft für sich, doch sie läßt sich zumindest in ihren Grundzügen leicht beantworten, wenn man sich die ursprüngliche Lebensweise von Pferden in Erinnerung ruft: Pferde sind Steppenbewohner. In der Steppe gibt es bis auf eine ganz kurze Periode im Frühjahr nur dürres, langhalmiges Gras mit geringem Eiweißanteil, aber hohem Rohfasergehalt. Bei der Pferdehaltung können wir das „nachstellen", indem wir viel Heu und möglichst ungedüngte Weiden anbieten. Dünger vermehrt nämlich den Anteil an eiweißhaltigen, strukturarmen Pflanzen. Das Heu sollte im ersten Schnitt spät geschnitten worden sein, eine blaßgrüne Farbe haben und im Idealfall von Bergwiesen stammen, da man hier davon ausgehen kann, daß kein Dünger verwendet wurde. Gutes Heu riecht nach Sommer, ein bißchen wie Tee, und es fühlt sich nicht weich an. Es liegt auf der Hand, daß nur ein geringer Teil des angebotenen Heus diese Anforderungen erfüllt. Sie können aber im Gespräch mit dem Reitstallbesitzer feststellen, ob er sich mit solchen Fragen sachgemäß beschäftigt. Ist er stolz darauf, viel Kraftfutter und ausschließlich das weiche und sehr eiweißreiche Luzerneheu anzubieten, geben Sie ihm gedanklich einen dicken Minuspunkt – es sei denn, Sie wollen Ihr Pferd extrem fordern, also mehrere Stunden täglich reiten.

Das wichtigste Nahrungsmittel für ein Pferd ist ... na, kommen Sie drauf? Falsch geraten: Wasser! Wasser sollten Sie Ihrem Pferd immer anbieten, sei es, daß Sie es über die normale Wasserleitung beziehen oder aus einem Hausbrunnen selbst pumpen. Hält man mehrere Pferde hinterm Haus, ist es wesentlich günstiger, ein Hauswasserwerk samt Pumpe zu installieren, als zusätzlich zum normalen Trinkwasser auch noch die Abwassergebühren zu bezahlen. Voraussetzung dafür ist, daß das gepumpte Wasser von trinkbarer Qualität ist. Um das herauszufinden, können Sie eine Wasseruntersuchung durchführen lassen – einfach eine frische Probe ziehen und

Futter muß trocken bleiben

Das gilt für alle Futtermittel, aber ganz besonders für Heu und Stroh. Beide haben extrem lange Lagerzeiten vor sich. Werden die Halme bei der Ernte oder auch später naß, finden die überall verbreiteten Schimmelsporen einen wunderbaren Nährboden. Der nach außen noch appetitlich aussehende Ballen riecht beim Aufschneiden nach Waldpilzen. Die einzelnen Lagen oder „Schnitten" kleben bei starkem Schimmeldurchsatz auch aneinander, wenn man die jeweilige Portion abtrennen möchte.

Wenn Sie selbst Heu oder Stroh einkaufen, machen Sie – auch mit der Nase – Stichproben, ob die Partie, die Sie erwerben wollen, nicht Regen abbekommen hat und angeschimmelt sein könnte. Auch die Zwischenlagerung könnte unsachgemäß erfolgt sein, deswegen also: Nasenprobe.

Zum anderen ist es natürlich wichtig, Heu und Stroh grundsätzlich vor dem Verfüttern beziehungsweise Einstreuen auf Schimmel zu überprüfen. Machen Sie es sich deshalb zur Gewohnheit, Heu und Stroh komplett und gründlich aufzuschütteln. Stauben die Rippen sehr stark, sollten Sie vorsichtshalber einmal schnuppern, ob Sie den Pilzgeruch wahrnehmen. Lagen, die Sie nicht mehr auseinanderbekommen, die womöglich hart verbacken sind, gehören sofort auf den Misthaufen – und der Rest vom Ballen hinterher. Der „Genuß" kann für Ihr Pferd tödlich sein.

über Ihre Apotheke ins Labor schicken.
Auf Weiden, auf denen kein Wasseranschluß möglich ist, können Sie eine Handpumpe einrichten oder via Gartenschlauch ein Faß oder eine ausrangierte Badewanne befüllen.
Ein Pferd trinkt, je nach Lufttemperatur und Arbeit, zwischen 20 und 60 Liter am Tag. Zusammen mit dem Kraftfutter einen Zehn-Liter-Eimer mit Wasser anzubieten, reicht nicht aus, obwohl viele Pensionsställe es in Ermangelung von Automatiktränken so praktizieren. Vertrocknungskoliken können die Folge sein. Und selbst wenn's nicht ganz so schlimm kommt: Kein Lebewesen fühlt sich wohl, wenn es bei Durst nicht trinken kann, sondern warten muß, bis es nach Meinung anderer Zeit zum Trinken ist.
Heu sollte das Grundnahrungsmittel Ihres Pferdes sein: Täglich sollte man mindestens ein Kilogramm pro 100 Kilogramm Körpergewicht verfüttern. Noch besser ist es, Heu nach Belieben anzubieten, wenn Sie durch entsprechende Bewegung dafür sorgen können, daß Ihr Pferd nicht zu dick wird.

Futterstroh, Silage & Kraftfutter

Statt Heu kann man auch **Haferstroh** zum Fressen anbieten – speziell dann, wenn die Pferde aus Langeweile am Holz knabbern oder im Paddock stehen, aber wegen der Figur kein Heu fressen sollen. Das Stroh wird natürlich nicht so gerne angenommen wie Heu, aber in Ermangelung anderer Fressalien ist es für das Pferd ein vernünftiger Kompromiß, sich damit zu beschäftigen. Haferstroh trifft am ehesten den Geschmacksnerv eines Pferdes, danach kommt Weizenstroh, gefolgt von Gersten-

Vorsicht Falle: Tolpatsch macht Freischwimmer

Kaum zu glauben, aber tatsächlich passiert: Zwei Junghengste spielen und toben auf der Weide, es wird gekeilt, gebissen, getreten – und natürlich ausgewichen. Die beiden sind so aufeinander konzentriert, daß der eine an die auf der Weide stehende Badewanne stößt, das Gleichgewicht verliert und mit dem Rücken voran in die Wanne stürzt ... Ein Vollbad ohne Entkommen. Erst die Feuerwehr war in der Lage, das arme Tier aus seiner mißlichen Lage zu befreien. Wer also ganz sichergehen möchte, sollte quer über der Badewanne einen stabilen Holzbalken installieren.

Wartezeiten bei Heu und Stroh

Bei frischem Heu und auch bei Stroh müssen Sie Wartezeiten einhalten. Nach dem Pressen und Einbringen muß es noch mindestens sechs Wochen lagern, damit die Gefahr von Koliken gebannt ist. Man kann bei professionellen Pferdehaltern wie Reitställen voraussetzen, daß sie sich mit den Lagerzeiten auskennen. Steht Ihr Pferd aber bei einem Bauern, der von Rinder- auf Pferdehaltung umgestellt hat, klären Sie diesen Punkt besser ab. Rinder sind in bezug auf ihren Verdauungstrakt nicht annähernd so anfällig wie Pferde. Das gilt auch für die Wartezeiten nach dem Düngen oder Spritzen von Herbiziden, für phosphorhaltiges Futter und für Maht, die der Sonne ausgesetzt war. Es kann also sein, daß hier Aufklärungsarbeit nötig ist.

stroh. Roggenstroh mögen die meisten Pferde gar nicht. Es eignet sich deswegen gut als Einstreu, wenn man einen kleinen Freßsack im Stall hat.

Auch Stroh sollte eine natürliche Farbe und einen guten Geruch haben. Sobald Sie in Heu, Stroh, Silage oder Kraftfutter einen Pilzgeruch wahrnehmen, dürfen Sie das Futter nicht mehr anbieten. Pilzsporen durchsetzen ihren Nährboden schon lange bevor etwas zu sehen ist. Der Geruch verrät sie zum Glück in den meisten Fällen.

Zwischen Pressen und Verfüttern sollten mindestens sechs Wochen liegen. Achten Sie darauf.

Eine relativ neue Alternative zum Heu ist **Gras-Silage**. Dabei handelt es sich um angetrocknetes Gras, das durch Gärung aufgeschlossen und durchsäuert wird. Silage wird in kleineren Mengen als Heu verfüttert, weil durch den Gärungsprozeß die Eiweißketten aufgespalten werden. Somit ist dieses Futter leichter verdaulich als eine vergleichbare Menge Heu.

Silage birgt neben dem Nachteil, daß das Pferd aufgrund der geringeren Menge und des weicheren Zustands weniger zu kauen hat, eine Gefahr, die beim Heu nahezu

Rundballen versus kleine Ballen

Ganz klar: Rundballen sind praktischer, und die Qualität von Heu und Stroh ist meist besser, weil die Halme beim Pressen schonender behandelt werden und auch das Einlagern entsprechend schnell vonstatten geht. Bei ihnen ist von der Herstellung bis zum Verfüttern weniger Handling nötig – denn das Aufpieken eines großen Rundballens ist eben einfacher als das Hin- und Herschleppen entsprechend vieler kleiner Ballen. Die kleinen Ballen heißen in Amerika nicht umsonst „idiot cubes" – Idiotenwürfel ... Die wenigsten Pferdehalter haben allerdings tatsächlich die Wahl. Wer sich für Rundballen entscheidet, muß eine entsprechende Logistik dahinter haben: einen Trecker mit Frontlader, Heulager, die man mit Treckern befahren kann, und Ställe, in denen man die großen Rundballen vom Tag des Aufschneidens bis zum Verfüttern des letzten Hälmchens zwischenlagern kann. Das bedeutet: Private Pferdehalter bleiben in der Regel bei den kleinen, die Profis gehen zu den großen Ballen über und produzieren sie meist selbst. Das führt mit der Zeit dazu, daß kleine Ballen im Verhältnis immer teurer werden. Wer also die Möglichkeit hat, sollte langfristig auf Rundballen umstellen, da die kleinen Ballen schon in wenigen Jahren schwer zu beziehen sein werden, was sich in immer höheren Preisen niederschlagen wird.

Bei Heu wie bei Stroh setzen sich die Rundballen immer mehr durch.

unbekannt ist: Gerät bei der Verarbeitung ein Tierchen, zum Beispiel eine tote Maus oder ein Igel, in den Ballen, oder wird die Plastikhaut des Silageballens verletzt (etwa durch einen Gabelstich, Hängenbleiben beim Verladen oder ähnliches), kann das tödliche Folgen für alle Tiere haben, die von dieser Silage fressen. Wenn sich ein Kadaver im Ballen befindet, wird durch die Verwesung im säuernden Gras jedes Hälmchen infiziert – was man nicht sehen kann –, und der Verzehr ist absolut tödlich.

Die Verletzung der Verpackungsfolie, die das Silagepaket eng umschließt, erlaubt dagegen Pilzsporen, in das ansonsten luft- und lichtdicht verschlossene Päckchen einzudringen und nach und nach den ganzen Ballen zu durchsetzen. An der Einstichstelle ist aber in aller Regel eine Verfärbung der Silage festzustellen, was leider so manchen Pferde-Hotelier nicht daran hindert, die Silage trotzdem zu verfüttern. Kostet schließlich alles Geld.

Es kommt deswegen immer wieder zu Todesfällen durch Silage – ein Risiko, das sich durch die Fütterung von Heu weitgehend ausschließen läßt. Ein weiterer „Minuspunkt“ bei Silage liegt darin, daß ein Ballen innerhalb von drei Tagen komplett aufgebraucht werden muß. Diese Futtermenge ist nur von sechs oder mehr Pferden zu bewältigen. Für kleine Haltergemeinschaften kommt Silage deshalb schon von der Menge her nicht in Frage.

Kraftfutter sollten Pferde abhängig von der geforderten Leistung erhalten. Die meisten Pferde bekommen zuviel davon und benötigen weit weniger, als man meint. Ausnahmen stellen lediglich Sportpferde von Berufsreitern dar, Hengste im Deckeinsatz, laktierende Stuten und Reitschulpferde, die stark gefordert werden. Privatpferde, die eine Stunde am Tag geritten werden und ausreichend Heu bekommen, kommen in aller Regel mit weniger als zwei Kilogramm Kraftfutter am Tag aus.

Auch Mais ist als Futter beliebt. Die Darreichungsformen reichen von Flocken über Kolben bis hin zur Mais-Silage.

Eine einzelne Pferdemahlzeit sollte nicht mehr als eineinhalb Kilogramm Kraftfutter enthalten, da das Pferd sonst Magenprobleme bekommen kann – von der Ma-

Computer-Fütterungsprogramme

Der Computer hat längst auch beim privaten Pferdehalter Einzug gehalten. Es gibt diverse Anbieter von Software für Pferdefütterung. Zum einen sind es die Futterhersteller selbst, die damit die Rationsberechnungen für ihre Produkte erleichtern wollen, zum anderen sind es freie Anbieter, die entsprechend mehr Markenfuttermittel zur Auswahl haben.

Allen Fütterungsprogrammen ist gemein, daß man sich eine ganze Weile damit beschäftigen muß, bis man halbwegs damit zurechtkommt. Dazu kommt, daß in den Programmen je nach Anbieter längst nicht alle gängigen Futtersorten enthalten sind. Ein Beispiel: Allein die Firma Nösenberger aus dem Rheinland, die inzwischen einen recht hohen Marktanteil speziell bei den privaten Pferdehaltern hat, produziert sieben verschiedene Formen von „Müslifutter“. Mir ist nur ein Softwareanbieter bekannt, der plant, diese Produkte aufzunehmen. Bei einigen Programmen kann man die Werte „seines“ Futters noch nachtragen, doch längst nicht bei allen. Außerdem geben die Beipackzettel nur zum Teil Auskunft über die enthaltenen Mineralien und Spurenelemente.

Hinzu kommt – und das ist das eigentliche Problem –, daß sich die Angaben der Hersteller auf den Tag der Analyse bei einer bestimmten Probe beziehen, und zur Ermittlung werden die Nährwerttabellen des Landwirtschaftsministeriums herangezogen. Hier liegt schon der erste Stolperstein: Diese Nährwerttabellen werden etwa alle zehn Jahre überarbeitet ... Dabei gibt's jedes Jahr neue Getreidesorten, jede mit etwas anderem Eiweiß- und Vitamingehalt.

Schon die nächste Partie der gleichen Futtersorte kann, bedingt durch eine neue Getreidelieferung oder auch nur durch eine längere Lagerdauer des Körneranteils, stark abweichende Werte aufweisen. So – und nun lagert das Futter mit all seinen verschiedenen Zutaten in fertigem Zustand beim Großhändler, beim Händler und am Schluß in Ihrem Stall. Die Qualität sinkt dabei von Tag zu Tag ...

Krassestes Beispiel für die Schwierigkeiten bei der Bewertung von Futter ist das Heu, das Sie verwenden. Füttern Sie Eifelheu? Oder Schwarzwaldheu? Oder einfaches Wiesenheu? Ist es vom ersten Schnitt ganz zu Anfang oder eher gegen Ende oder gar vom zweiten Schnitt? Enthält es viele Kräuter? Oder mehr Klee? Ist Luzerne darin? Na? Keine Ahnung? Sehen Sie, Ihr Computer auch nicht. Sie können natürlich von Ihrer Heupartie Proben nehmen und diese analysieren lassen. Kosten: Rund 200 DM. Dann stimmt der Wert gerade für diese Probe und für den Tag der Analyse ... Durch die Lagerung verliert auch das Heu sukzessive an Inhaltsstoffen und an Nährwert. Keiner der mir bekannten Softwarehersteller kann versprechen, daß man mit Hilfe seines Programms auf ganz exakte Werte kommt, alle arbeiten mit Näherungswerten.

Aber: Bei der Beschäftigung mit dem jeweiligen Programm werden Sie mit ziemlicher Sicherheit zuallererst feststellen, daß Sie weniger füttern könnten. Ihr Pferd braucht selbst bei täglichem Reiten und längeren Ausritten am Wochenende weit geringere Mengen, als es in seinem Trog findet. Auch die Zusammenhänge werden Ihnen klar: Wie verändert sich der Bedarf, wenn man statt Heu und Kraftfutter Silage verwendet oder wenn man Pellets wegläßt und durch Müslifutter oder Kräutermischungen ersetzt?

Zudem kann Ihr PC helfen, wenn sich die Situation Ihres Pferdes mit einemmal drastisch verändert – zum Beispiel, wenn Ihre Stute ein Fohlen erwartet oder wenn ein Jungpferd in den Beritt kommt. Sie erhalten eine Orientierungshilfe, die deutlich mehr wert ist als das Gerede der Stallbetreiber, die „schon Pferde hatten, als Sie noch in die Windeln gemacht haben ..." Als ob das ein Qualitätsmerkmal wäre.

Mit einem PC-Programm können Sie also ernorm viel lernen: Es gibt Ihnen wertvolle Hilfestellung, doch auch bei der Berechnung der täglichen Ration per Computer kommen Sie um die alte Erkenntnis nicht herum, daß ein guter Futtermeister eben mit der Hand, mit dem Auge und mit dem Verstand füttert.

genschleimhautentzündung bis hin zur Magenschleimhautläsion. Also: Benötigt Ihr Pferd wirklich mehr als zwei Kilogramm Kraftfutter, sollten Sie die Tagesration unbedingt auf entsprechend viele kleine Mahlzeiten verteilen.

Kraftfutter ist nicht gleich Kraftfutter. Die einzelnen Sorten unterscheiden sich in punkto Inhaltsstoffe wie in bezug auf die Qualität der verwendeten Grundstoffe. In vielen Ställen werden die Pferde heute noch ausschließlich mit Ha-

Fütterungsautomaten

Fütterungsautomaten sind in der Anschaffung leider noch immer sehr teuer, vor allem dann, wenn in einer Laufstallgemeinschaft mehrere davon die Pferde zum Bewegen animieren sollen. Das funktioniert so: Für jedes Pferd in der Gruppe wird die tägliche Futtermenge festgelegt und in einen Computer eingegeben. Das Pferd selbst wird dann mit einem Funksender am Halfter ausgerüstet, dessen Signale jeder der aufgestellten Fütterungsautomaten im Laufstall erkennt. Der Automat identifiziert das jeweilige Pferd, und der zentrale Computer sorgt dafür, daß jedes Pferd an den verschiedenen Futterautomaten ab und zu eine kleine Portion Kraftfutter erhält. Das hat diverse Vorteile: Zum einen frißt das Pferd, wie in der Natur auch, nur kleine Mengen auf einmal. Zum anderen ist es gezwungen, den ganzen Tag die verschiedenen Futterspender aufzusuchen – in der Hoffung, mit einer Portion Fressen für seine Ausdauer „belohnt" zu werden. Es bewegt sich also kontinuierlich im Schritt, wie es das in freier Wildbahn auch täte.
Da das morgendliche Füttern ebenso wegfällt wie die Abendmahlzeit, entfallen auch so lästige Begleiterscheinungen wie Poltern gegen die Boxentür, Futterneid, Stalldienst und genervte Pferdepersönlichkeiten, wenn sie zur Fressenszeit geritten werden. Leider sind diese Fütterungsanlagen aber eben nicht billig. Sie rentieren sich nur für größere Betriebe, die zudem über einen Laufstall verfügen.

Müslifutter sieht so richtig appetitlich aus und wird von allen Pferden gerne gefressen.

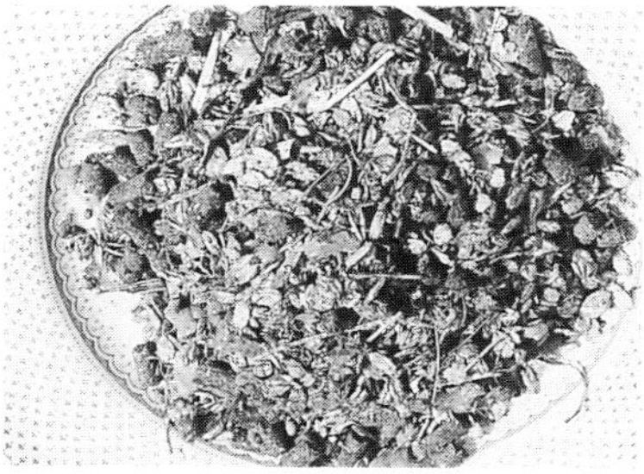

fer und Pellets gefüttert, doch die sogenannten Müslifutter sind stark im Kommen. Diese Mischungen enthalten nicht nur einzelne Getreidesorten wie Hafer, Gerste oder Roggen, sondern auch Maiskörner oder -flocken, Melasse, Biertreber, Mineralien und Spurenelemente, Vitamine und Biotin. Selbst Stücke von Johannisbaumbrot können Sie darin finden. Ob diese Mischungen

nun besser schmecken als Hafer? Fragen Sie mal Ihr Pferd.
Sicher ist, daß die Pferde durch das Müslifutter mehr Mineralien, Vitamine und Spurenelemente erhalten, also nicht so einseitig eiweißreich gefüttert werden wie das beim Hafer der Fall ist. Achten Sie beim Kauf des Müslifutters darauf, daß es einen möglichst geringen Salzanteil (Natriumgehalt) hat, denn wenn mehr Salz als nötig aufgenommen wird, führt das zu einer permanenten Überbelastung der Ausscheidungsorgane. Bei Pellets wird es noch schwieriger, den richtigen Hersteller zu finden und gutes Futter von schlechtem zu unterscheiden. Es werden Pellets aus ganz minderwertigen Zutaten wie altem Friteusenfett und Tiermehlen (BSE!) angeboten. Daneben gibt es aber auch Hersteller, die die Preßlinge mit der gleichen Sorgfalt herstellen wie die Produzenten von Biofuttermischungen. Lassen Sie sich die Inhaltsangaben von Ihrem Futterhändler oder Ihrem Tierarzt „übersetzen", und wenn Sie noch Zweifel haben, fragen Sie beim Hersteller nach. „Tierische Nebenerzeugnisse" gehören auf keinen Fall ins Futter eines Pflanzenfressers.
Pellets sollten Sie auch nicht als Alleinfutter einsetzen, da es bei ausschließlicher Verfütterung der Preßlinge leichter zu Schlundver-

Vom wilden Heinrich

Was auch immer Sie füttern: Denken Sie stets daran, daß Pferde nur so viel Futter, also Kohlehydrate, Eiweiße und Faserstoffe erhalten sollen, wie sie auch benötigen. Das heißt, daß Pferde nur dann, wenn sie stark gearbeitet werden, über den Erhaltungsbedarf hinaus gefüttert werden müssen. Fakt ist, daß die meisten Pferde durch zu opulente Mahlzeiten kaputtgefüttert werden, weil die Besitzer und vor allem die Stallvermieter meinen, viel Futter würde viel bringen. Durch eine ständige Überversorgung werden die Pferde aber nicht besser, sondern nur krank: kaputte Gelenke, vermehrte Neigung zu Krankheiten wie Kreuzverschlag, Kolik, Hufrehe – und vor allen Dingen: schwache Nerven. Wenn sich Ihr neues Pferd also nach wenigen Wochen bei jeder Kleinigkeit wie verrückt gebärdet, bei Ihnen buckelt, durchgeht, scheut und steigt: Kraftfutter drastisch senken und Heuration erhöhen! Es wäre nicht das erste Mal, daß ein Pferd dadurch schon nach einer Woche zahmer wird.

stopfungen kommen kann: Die schlecht gekauten, trockenen Pellets werden mit Speichel heruntergeschluckt und vermehren durch die Feuchtigkeitszufuhr auf dem Weg durch die Speiseröhre ihr Volumen – sie bleiben dem Pferd im Hals stecken. Der Anteil an Pellets sollte deswegen nicht mehr als rund 30% betragen.

Mineralfutter und zusätzliche Vitamine

Zusatzfutter wie zum Beispiel Kräuter für oder gegen dies und das, Biotin für bessere Hufe, Kalzium, Magnesium und das derzeit unglaublich moderne Vitamin E mit Selen lassen den Pferdebesitzer in der festen Überzeugung nach Hause gehen, alles, aber auch wirklich alles für sein Pferd getan zu haben. Was hier richtig oder falsch ist, das wissen weder Hersteller noch Tierärzte mit letzter Sicherheit. Fest steht, daß die Futterzusätze vor allen Dingen gut für den Reitsporthandel und seine Lieferanten sind. Zusatzfutter ist nämlich in aller Regel richtig teuer.
Bei vernünftiger Fütterung mit reichlich Heu, Kraftfutter in Maßen und viel Weide (auch wegen der Sonne und der Bildung von Vitamin D) reicht es aus, einen Mineral- und Salzleckstein in die Box zu hängen. Das Pferd wird sich daran bedienen, wenn es Bedarf verspürt, und diese Zusätze ansonsten verschmähen.
Mangelerscheinungen, wie sie früher vor allem bei Aufzuchtpferden recht häufig vorkamen, treten heute kaum noch auf. Aufgrund der unterschiedlichen Güte der Böden kann es allerdings besonders bei Fohlen und bei stark beanspruchten Pferden zu einem Mangel an Selen kommen. Um den Selengehalt in Ihrem Boden zu ermitteln, können Sie eine Bodenprobe nehmen und untersuchen lassen. Eine Nachfrage bei der Landwirtschaftskammer kann aber auch schon genügen, da diese über Flächenpläne verfügt. Einen Selenmangel sollten Sie durch Zufütterung von entsprechenden Präparaten ausgleichen.

Sonstiges Zusatzfutter

Obst und Gemüse

Pferde haben ihre individuellen Vorlieben, und mit Futtersorten, die sie besonders gerne mögen, kann man sie selbst zu ungeliebten Aktionen bewegen. Nicht umsonst arbeiten alle Dresseure mit Leckerchen. Ungefährlich und auch als „Extraportion“ frische Vitamine gedacht sind Möhren, Äpfel und manchmal auch Bananen – wenn Ihr Pferd die mag. Manche Pferde sind auch ganz wild auf Orangen, Erdbeeren oder Himbeeren, und es soll sogar Pferde geben, die Dosenananas lie-

Pro und contra Blutproben

Viele Tierärzte schlagen vor, dem Pferd eine Blutprobe zu entnehmen, um anhand des Blutbildes etwaige Versorgungsmängel nachzuweisen. Das ist allerdings nur dann sinnvoll, wenn das Pferd eklatante Ausfälle oder deutliche Merkmale von Mangelerscheinungen zeigt, denn bei etwaigen Mängeln geht das Pferd zuallererst an seine körpereigenen Reserven – so wird beispielsweise Kalzium aus den Knochen abgebaut. Vitaminmängel sind bei Pferden so gut wie unbekannt. Die normalen Körperwerte wie zum Beispiel der so wichtige Leberwert werden schon bei der Gabe einer Wurmkur oder einer Impfung stark beeinflußt. Deswegen sollte man den Leberwert nicht unter Ausnahmebedingungen testen. Ist eine Veränderung aufgrund von Impfungen, Wurmkuren und andere Medikationen ausgeschlossen, so dient der Leberwert direkt der Beurteilung des Allgemeinzustands des Pferdes. Bei erhöhten Werten muß unbedingt geprüft werden, ob das an der Futterqualität liegen könnte. Das ist durch Kontrolluntersuchungen bei Stallgenossen abzuklären.

ben. Die konventionellen Möhren und Äpfel sind eindeutig am leichtesten und zu annehmbaren Preisen zu bekommen. Wer Glück hat, kann bei einem „Möhrenbauern" seine wöchentliche Ration kaufen. Ansonsten kommt man in Supermärkten und bei Großhändlern günstig an Äpfelsteigen.

Füttern Sie aber weder von Möhren noch von Äpfeln mehr als zwei Kilogramm pro Tag. Karotten sind in den letzten Jahren wegen erhöhter Nitratanteile ins Gerede gekommen. Pferdebesitzer, die solche „Nitratmöhren" verfüttern, merken das an der Neigung ihrer Vierbeiner zu Durchfall. Beim Einkauf sollte man deshalb einen Bogen um Möhren machen, die durchscheinend und wäßrig aussehen.

Vor dem Füttern ist es ratsam, den Stengelansatz so weit abzuschneiden, daß kein Grün mehr sichtbar ist, denn das kann giftig sein. Geben Sie Ihrem Pferd nur ein paar Möhrchen, ist das noch kein Problem. Wenn Karotten aber als echtes Futter verabreicht werden, also ab circa 500 Gramm pro Mahlzeit, sollten Sie sich die Mühe machen.

Winterzeit und Rüben

In Ermangelung von frischem Naßfutter, also Gras in jeder Form, füttern viele Pferdehalter gerade

im Winter größere Mengen an Möhren und Äpfeln. Dabei ist es wichtig, daß das angebotene Naßfutter keinen Frost abbekommt. Möhren werden nach Frost sofort matschig. Auch angefroren sollte Obst und Gemüse nicht verfüttert werden, da „Tiefkühlkost“ Koliken verursachen kann.
Eine andere Rübensorte ist die rote Bete. Im Winter, wenn die Vitamine knapp sind, kann man die eine oder andere Rote-Bete-Knolle verfüttern. Sie muß aber frisch und roh sein und komplett saubergewaschen werden, damit kein Sand mehr an ihr haftet. Es ist allerdings nicht gesagt, daß Ihr Pferd sie frißt. Seien Sie nicht allzu enttäuscht, wenn Ihr neuer Lebenspartner ausdauernd daran vorbeimümmelt ... Sehen Sie's von der positiven Seite: wieder einmal Geld gespart.
Die dritte Variante der Rüben sind Rübenschnitzel. Sie kauft man in pelletierter Form und weicht sie vor dem Verfüttern circa zwölf Stunden ein. Auf gar keinen Fall sollten Sie auch noch so kleine Mengen Rübenschnitzel als trockene Pellets füttern: Sie riskieren damit, daß Ihr Pferd an einer Schlundverstopfung eingeht, wenn der Tierarzt nicht ganz schnell ist. Rübenschnitzel also wirklich nur 100prozentig eingeweicht verfüttern, auch keine harten Reste zulassen. Der maximale Anteil von Rübenschnitzeln am Kraftfutter sollte 20% nicht übersteigen. Rübenschnitzel sind Kohlehydrate-Lieferanten, und sie werden gerne gegeben, wenn das Pferd mit Heu alleine nicht genug auf die Rippen bekommt – zu viele Körner machen ja bekanntlich einen spinnigen Kopf. Wer zu viele Kohlehydrate füttert, riskiert über den Glukose-Abbau-Vorgang eine Überbelastung der Leber bis hin zur Fettleber. Moppelige Pferde benötigen überhaupt keine Rübenschnitzel!

Äpfel und Birnen

Wenn Sie mit den Verkäuferinnen in Ihrem Supermarkt sprechen, legen die Ihnen vielleicht die Äpfel und Birnen zurück, die eine „Macke“ haben, also braune Stellen aufweisen, ein bißchen unansehnlich sind oder an einer Stelle Schorf haben. Kleinere braune Faulstellen sind bei Pferden übrigens sehr beliebt und völlig ungefährlich, vorausgesetzt, Sie machen keinen Schimmel daran aus. Ist das Obst auch nur ein kleines bißchen angeschimmelt, darf man es nicht mehr verfüttern! Das Pilzgewebe kann, ohne daß Sie das bislang sehen können, bereits große Teile des Apfels oder der Birne durchsetzt haben. Also: braune Stellen fein, schimmelige nein!
Auch Matsche-Birnen werden gerne gefressen, doch manchen Pferden sind Birnen einfach zu süß – sie lassen sie liegen. Birnen sollten Sie in deutlich geringeren Mengen

Schwerfuttrige Pferde

Es gibt Pferde, die trotz hoher Futterrationen zaundürr bleiben. Überall Knochen, vielleicht noch eine Weidebauchkugel, ein struppiges Fell – kurzum, ein Bild des Jammers. Widerstehen Sie der Versuchung und dem Rat von „Fachleuten", die Kraftfutterration hochzusetzen. Das bringt selten den gewünschten Erfolg. Häufig haben solche Pferde Darmprobleme. Das heißt, das Futter kann nicht vernünftig aufgespalten werden, es passiert unausgenutzt den Darm. Versuchen Sie, die Darmflora zu verbessern. Das gelingt durch eine entsprechende Kur – fragen Sie Ihren Tierarzt danach! Manchmal helfen aber auch schon milchsäurehaltige Futterzusätze wie *Kanne Brottrunke* oder ähnliches, und das Pferd nimmt – bei unveränderter Kraftfuttermenge – langsam wieder zu.

Fragen Sie in Ihrem Obstgeschäft nach, ob man schrumpelige oder angedrückte Äpfel, die keinen Käufer mehr finden, für Ihr Pferd zurücklegt.

füttern als Äpfel, da erstere stark blähen. Pferde, die zu Koliken neigen, sollten generell keine Birnen bekommen. Auch bei den Äpfeln ist maßvolles Füttern angesagt: Zu viele Äpfel reizen den Magen und den Darm, und es kommt dann speziell bei den heimischen Sorten leicht zu einer Übersäuerung des Magens – was auch für ein Pferd nicht witzig ist.

Ein paar Äpfel pro Tag, ein oder zwei Birnen – das ist genau die richtige Mischung.

Noch etwas im Zusammenhang mit Äpfeln und Möhren: Füttern Sie nur große Exemplare, oder schneiden Sie kleineres Obst in wahre Ministücke. Mittelgroße Äpfel, etwa in der Größe eines Hühnereies, sind gefährliche Auslöser von Schlundverstopfungen und Erstickungsanfällen. Pferde, die zu hastigem Fressen neigen, schlukken Äpfel oder Birnen dieser Größe nämlich gerne ungekaut! Gleiches gilt auch für die Verfütterung von „Pizzabrötchen".

Leinsamen

Leinsamen füttert man, um Verstopfungen und Koliken zu vermeiden. Außerdem verhilft Leinsamen zu einem etwas fetteren und dadurch glänzenden Fell. Dazu muß er gekocht werden, was in einem Reitstall aber nicht unbedingt funktioniert. Oft muß der Pferdebesitzer den fertigen „Papp“, der übrigens auch wunderbar im Topf anbrennt, jeden Tag von zu Hause mitbringen. Einfacher ist da die Verwendung von Leinsamenpellets, die aber nur 16% Leinöl enthalten – im Gegensatz zu Leingold, einem goldfarbenen Leinsamen, der ebenfalls ohne Kochen verfüttert werden kann. Leingold enthält rund 36% Leinöl, wodurch sein höherer Preis wieder aufgefangen wird.

Man kann aber auch fertig gepreßtes Leinöl kaufen und einen Eßlöffel davon übers Futter geben. Auf keinen Fall sollte man Leinöl nach Augenmaß zuteilen: Bei einem Schuß zuviel wirkt die Mischung ganz gewaltig abführend.

Sie haben die Wahl: „Normaler“ Leinsamen muß gekocht werden, was bei dem goldenen und bei den Pellets nicht nötig ist.

Streuobst-Weiden

Auf vielen alten Bauernweiden stehen unterschiedliche Obstbäume. Da Pferde auf krasse Futterumstellungen empfindlich reagieren, sollten Sie diese Weiden vor und während der Obsternte nicht benutzen. Pferde haben schon nach wenigen Tagen den Dreh heraus, durch gezieltes Schubbern am Baumstamm oder durch Herunterzerren und plötzliches Loslassen der tragenden Äste den Ernteertrag für sich zu steigern. Sie überfressen sich dann am Obst und können fürchterliche Koliken bekommen.
Besondere Vorsicht ist bei welkenden Pflaumenbaumblättern geboten: Sie entwickeln während der Verrottung Giftstoffe, die Ihrem Pferd gefährlich werden können. Frische und verdorrte Blätter sind dagegen unbedenklich.

Mash – die gute Mischung

Mash ist der „Zaubertrank“ für Pferde mit empfindlichem Magen-Darm-Trakt, für schlechte Futterverwerter und alte Pferde. Auch zur Unterstützung des Fellwechsels ist Mash zu empfehlen sowie für Pferde, die nach schweren Koliken wieder an Kraftfutter gewöhnt werden sollen.

Mash wird aus Kleie, gequetschtem Hafer und Leinsamen zubereitet, und zwar zu gleichen Anteilen. Man gießt die Mischung mit kochendem Wasser auf, läßt sie durchquellen und abkühlen. Mash sollte stets lauwarm verfüttert werden und nicht über Nacht stehenbleiben, damit eine Futtergärung ausgeschlossen ist. Im Futterhandel gibt es Fertigmischungen für Mash, die sehr zu empfehlen sind.

Kleie

Kleie gilt vielen Reitern immer noch als Allheilmittel. Sie besteht aus nichts anderem als der getrockneten Haut des Weizenkornes. Kleie enthält weniger Nährstoffe als Getreide, dafür aber überwiegend Rohfaseranteile bei einem Restanteil an Eiweiß. Bei Pferden mit dünnem Stuhlgang verfestigt sie diesen etwas, das Pferd äppelt „strukturiert“. Zu viel Kleie – vor allem dann, wenn das Pferd wenig trinkt – kann zu Verstopfung führen.

Knoblauch

Knoblauch soll Fliegen und andere Insekten fernhalten sowie das Blutbild verbessern. Pferde, die man damit füttert, riechen nach einigen Tagen wie eine riesige Salami-Pizza – ein Vergnügen, das allerdings nur ungefähr eine Woche lang anhält. Ob das daran liegt, daß man sich als Besitzer an den Geruch gewöhnt hat, oder daran, daß die Pferde weniger ausdünsten, wäre noch zu prüfen. Die Insekten mögen den besonderen Duft jedenfalls nicht so sehr: Pferde, die ordentlich Knoblauch gefüttert bekommen, werden eindeutig weniger von den Plagegeistern heimgesucht.

Knoblauch kann man in Form von geschälten Zehen füttern, als Pulver oder pelletiert. In den Knoblauchpellets ist die Konzentration am geringsten, dafür reizen sie aber Magen und Darm nicht.

Gelatine

Wie beim Menschen, so soll Gelatine auch bei Pferden der Arthrose vorbeugen und die Gelenke ge-

schmeidig halten. Meist wird sie in geriebener Form angeboten. Es ist aber wichtig, darauf zu achten, woher das Produkt stammt. Gelatine direkt vom Schlachthof ist für Pferde nicht geeignet, da sie im Verdauungstrakt nicht aufgeschlossen werden kann. Gelatine wird ja aus Tierkadavern gewonnen, und Pferde sind reine Pflanzenfresser.
Im Fachhandel gibt es deshalb seit einiger Zeit spezielle Gelatine, deren Eiweißketten chemisch aufgeschlossen werden. Dadurch entsteht ein Produkt, das auch von einem Vegetarier verdaut werden kann. In Langzeitversuchen konnte nachgewiesen werden, daß Pferde, bei denen in der Aufzucht Gelatinekuren durchgeführt wurden, deutlich dickere Knorpelschichten an den Gelenken entwickelten und später seltener zu Arthrosen neig-

Giftpflanzen

Kaufen Sie sich ein Buch über heimische Giftpflanzen, damit Sie eventuell angepachtete Weiden und benachbarte Gärten unter die Lupe nehmen können. Eliminieren Sie alle potentiell giftigen Gewächse aus der Reichweite der Pferde!
Killer Nummer eins ist die Eibe (Taxus). Ihr Verzehr ist absolut tödlich, da reichen schon ein paar Zweiglein. Leider ist sie sehr schmackhaft und bei Pferden immer wieder beliebt.
Entfernen Sie generell alle immergrünen Gewächse, also Rhododendren, Oleander, Efeu und Semper-Virens, um nur einige zu nennen. Sie sind alle giftig, die einen mehr, die anderen weniger.
Im Sommer machen die meisten Pferde ja aufgrund des reichlichen Nahrungsangebotes auf der Wiese noch einen Bogen um Giftpflanzen, aber zum Frühjahr hin bekommen fast alle einen regelrechten „Grünkoller“, der sich darin zeigt, daß sie alles, was grün und in erreichbarer Nähe ist, gierig in sich hineinmampfen – auch wenn's womöglich die letzte Mahlzeit wird.
Auch giftige Blumen gibt es reichlich: Herbstzeitlose gehören dazu, Hahnenfuß (den frißt aber kein normales Pferd) und Eisenhut. Bei den Zierbüschen sind Goldregen, Schneebeeren und Vogelbeeren berüchtigt. Die Liste ließe sich noch um einige Pflanzen erweitern. Deshalb: Vor dem Weidegang muß jede neue Wiese gründlich mit Fachbuch unter dem Arm inspiziert und Giftiges beherzt ausgegraben werden.

ten. Auch bei älteren Pferden sollen Gelatinegaben die Gelenke länger geschmeidig halten und dem vorzeitigen Verschleiß entgegenwirken.

Zweige und Baumrinde

Ein weiteres „Zusatzfutter“ können gerade im Winter und bei längerem Aufenthalt im Paddock oder in der Box Zweige und Baumstücke sein. Besonders beliebt ist Birke, vor allem frisch getriebene. Auch mittelstarke Birkenäste schmecken den Pferden, denn man kann daran ganz vorzüglich nagen. Buche wird – frisch ausgetrieben – auch gefressen, aber zu diesem Zeitpunkt hat die Weidesaison meist schon begonnen.

Auch wenn's noch so verlockend ist: Weihnachtsbäume, Tannenzweige und andere Nadelhölzer dürfen nicht gefüttert werden, denn die darin enthaltenen Baumharze reizen die Magenschleimhaut. Die Pferde können dadurch regelrecht vergiftet werden. Das gilt ganz besonders für kommerziell aufgezogene Weihnachtsbäume, die häufig noch mit speziellen Mitteln behandelt werden, damit sie länger halten und weniger Nadeln verlieren. Also: Nadelhölzer von der Futterliste streichen, auch wenn sie noch so lecker aussehen.

Die Unterbringung Ihres Pferdes

Das ist die richtige Haltung für Pferde: Mit Artgenossen auf weiten Weiden grasen, die im Idealfall sogar hügelig bis bergig sind – das gibt trittsichere und gut ausbalancierte Pferde. Die Büsche und Bäume bieten Schutz, falls es wirklich einmal wie aus Kübeln schüttet.

Der Stall

Könnten Pferde wählen, so würden sie sich nicht den schönen Stall mit den vergoldeten Pferdeköpfen über der Boxentür aussuchen, sondern sich eindeutig für eine große Weide mit Artgenossen entscheiden. Sie würden den Sternenhimmel und die Möglichkeit, sich auch nachts frei bewegen zu können, gerne gegen das „kuschelige“ Strohbett tauschen. Ein Unterstand zum Schutz vor Insekten und extremer Witterung reicht ihnen – und auch ein Blätterdach ist in Ordnung.

Sie würden dort gerne das ganze Jahr verbringen, im Winter durch einen dichten Pelz geschützt, im Sommer mit den Schweifen schlagend, um einem Kumpel die Fliegen vom Leib zu halten – aber nur, wenn der auch zurückfächelt; Ordnung muß sein.

Doch da kommt plötzlich so ein Mensch und zerrt einen in ein dunkles Verlies mit Gittern, wohin man auch blickt. Aus der Traum vom Weideglück, ab sofort gibt's kleine Mengen Heu und große Tröge voller Kraftfutter und am Sonntag vielleicht mal einen Ausritt, bei dem man mit ein paar anderen Leidensgenossen in der Gruppe läuft.

Tja, so ist das nun mal, höre ich da viele sagen – aber wo steht geschrieben, daß es bis in alle Ewigkeit so bleiben muß? Es gibt inzwischen immer mehr Profiställe, kleine und große Privatanlagen, in denen auch Dressur- und Springpferde in Gruppen untergebracht sind, Pferdeställe, bei denen die Tiere Tag und Nacht Zugang zu Paddocks haben.

Daß viele Betreiber traditioneller Ställe nicht umdenken wollen, liegt

Ein Pferdegefängnis, wie man es leider immer noch häufig antrifft. Gitter bis zur Decke, kein Kontakt zum Stallnachbarn und nur Licht, weil mit Blitz fotografiert wurde.

an der Überlieferung von Märchen, die da lauten: „Ein Dressurpferd verdirbt sich auf der Weide die Gänge“, oder: „Mein Pferd steht voll im Turniertraining, da hat es genug Auslauf.“

Es ist offenbar menschlich, daß die meisten einen Pferdestall ausschließlich nach den eigenen Bedürfnissen auswählen und die Ansprüche des Pferdes auf einen Level herunterschrauben, auf dem der Reiter nicht auf seine Bequemlichkeit zu verzichten braucht. Das Pferd hat keine Möglichkeit zum Protest, und da Pferde friedliebende Tiere sind, fügen sie sich in ihr Schicksal.

Sie als Pferdebesitzer sind derjenige, der für das Wohlergehen seines Pferdes verantwortlich ist. Sie haben die Verpflichtung, dafür zu sorgen, daß Sie Ihren Wunsch nach einem Pferd nicht zum Horrortrip für das Tier werden lassen. Machen Sie sich bitte klar, daß ein Pferd ein lebendes Wesen ist, das man nicht unnötig quälen sollte, nur weil's bequem ist und es alle tun. Sie kämen ja auch nie auf die Idee, einen Hund in einem Käfig einzusperren, der die Größe von vier Bierkästen hat. Sicher finden Sie die Haltung von Kettenhunden schrecklich und kaufen keine Eier aus Legebatterien. Dann sollten Sie auch an das Wohl Ihres Pferdes denken, und zwar über die althergebrachten Pferdehaltungs-Standards hinaus.

Sicher – Sie können die Welt nicht neu erfinden, aber Sie sollten ehrlich versuchen, „Schadenbegrenzung“ anzustreben. Das heißt, daß im Stall Ihrer Wahl zumindest ein Katalog von Mindestanforderungen erfüllt sein sollte.

Ihr Pferd braucht mindestens eine große Box, die täglich gemistet wird. Die vielerorts üblichen „Matratzen“, wie man die Anhäufung von Mist über Wochen und Monate nennt, sind aus zwei Gründen für Pferde ungeeignet: Zum einen steigt permanent Ammoniak in die Luft, der die Lungen schädigt – daran ändert auch gute Frischluftzufuhr wenig. Zum anderen bieten Matratzen einen wunderbaren Nährboden für jede Form von Ungeziefer, Parasiten und Schädlingen. Selbst so simple Dinge wie ei-

Staubige Angelegenheit

Über Pferdeboxen sollte kein Heu oder Stroh gelagert sein. Wenn nämlich der Staub durch die Holzbretter rieselt, ist eine Stauballergie schon fast ein Wunder ... Dann nämlich, wenn sie ausbleibt.

ne Wurmkur außer der Reihe sind bei einem Matratzenpferd schwierig, da Sie, um auch eine Eliminierung der Wurmeier zu erreichen, den gesamten Mist rausfahren müßten. Der Bauer, der mit Matratzen auf so wunderbare Weise Arbeit (und damit Geld) spart, wird Ihnen bei diesem Ansinnen was husten.

Das absolute Mindestmaß einer Box für einen mittleren Warmblüter liegt bei einer Grundfläche von drei mal drei Metern und einer Höhe von drei Metern. Für ein Pferd mit einem Stockmaß über 165 Zenimeter ist eine solche Box eigentlich schon zu klein, denn wenn sich ein Pferd hinlegt, läßt es sich normalerweise ungefähr in der Mitte der Box nieder. Selbst wenn es geschickt ist – und die meisten Pferde haben sich an die Enge ihrer Zelle gewöhnt –, kann es ihm passieren, daß es sich mit seinen langen Beinen an der Wand festliegt. Wenn sich ein Pferd so eingeklemmt hat und nun versucht hochzukommen, gerät es in der Regel nach einer Weile in Panik, wenn's nicht funktioniert. Es strampelt und rudert, und wenn das ohne Erfolg bleibt, weil keiner im Stall etwas mitbekommt und sich das Pferd nicht doch noch irgendwie befreien kann, besteht akute Lebensgefahr. Denn Pferde sind ja mit einem Kreislaufsystem ausgestattet, das auf ausgedehnte Ruhezeiten bei gelegentlichen, kurzen Spitzenbelastungen ausgelegt ist. Solcher Dauerstreß, wie er durch Festliegen, aber auch durch schwere Koliken auftreten kann, kostet ein Pferd unter Umständen das Leben.

Der Stall eines Pferdes sollte kühl sein, und die Temperatur kann im Winter ruhig auf Minusgrade absinken. Denn frische, kühle oder auch kalte Luft belastet ein Pferd weniger als stickige, warme Stallluft, die mit Mist- und Uringasen und Staub angereichert ist. Die sogenannte Zugluft macht Pferden übrigens überhaupt nichts aus, wenn sie nicht gerade naß sind oder dem Luftstrom gar nicht ausweichen können. Also: Luft in den Stall! Erst Windgeschwindigkeiten von mehr als einem Meter pro Sekunde sind bedenklich, alles darunter ist o.k.

Licht ist die dritte Komponente für einen vernünftigen Stall. Das heißt: große Fenster, hohe Decken, Oberlichter ... um nur ein paar Möglichkeiten zu nennen. Neonröhren sind kein Ersatz für Tageslicht.

Das Pferd sollte täglich maximal zwölf Stunden im Stall stehen. Die restliche Zeit muß es sich im Freien auf einer Wiese oder in einem Paddock bewegen können – auch im Winter und auch bei Regen. Scheußliches Wetter im menschlichen Sinn macht einem Pferd überhaupt nichts aus. Stumpfes

Die Haftung des Stallbesitzers

Egal was passiert: Der Stallbesitzer haftet bei Schäden an Ihrem Pferd nur dann, wenn ihm ein Verschulden nachzuweisen ist. Behandelt er Ihr Pferd wie die anderen Tiere auch, und ausgerechnet Ihrem Pferd stößt auf der Weide oder auf dem Weg dahin etwas zu, dann müssen Sie schon großes Glück und gute Zeugen haben, um ein Verschulden nachweisen zu können. Auch Sie als Besitzer haben eben eine Sorgfaltspflicht, die darin besteht, zu prüfen, ob die Haltungsbedingungen in diesem Stall für das Pferd ungefährlich sind. Deshalb: Verlassen Sie sich nicht ausschließlich auf Ihren Stallbetreiber, machen Sie selbst mal einen Spaziergang über die Weide und sehen Sie sich die Zäune dabei an. Gehen Sie mit offenen Augen durch den Stall und über die Anlage und achten Sie auf gefährliche Ecken, Weidetore und so weiter. Und kontrollieren Sie die Box auf hervorstehende Bretter, Metallteile und was es sonst noch so gibt, woran sich ein Pferd verletzen kann.
Werden Sie bei Ihren Kontrollgängen fündig, so machen Sie Ihren Stallbesitzer – am besten unter Zeugen oder schriftlich – auf die Gefahrenquelle aufmerksam und bitten Sie darum, daß dieser Mangel behoben wird. Leider ist es der Erfahrung nach in aller Regel besser, den Stall zu wechseln, als Kritik zu äußern. Noch überwiegt in vielen Regionen die Nachfrage nach Pferdeboxen, so daß mancher Reitstallbetreiber zu Hochmut neigt. Es scheint angesichts der gesamtwirtschaftlichen Lage und der sprunghaft gestiegenen Zahl der Betriebe aber lediglich eine Frage der Zeit zu sein, bis sich der Markt auch in diesem Punkt von selbst reguliert.

Stehen im Stall dagegen ruiniert seine Beine und seinen Kopf.
Und dann benötigt ein Pferd noch Artgenossen, denn es ist ein Herdentier. Es braucht einfach Sozialkontakte zu anderen Pferden, sonst verkümmert es seelisch. Suchen Sie also einen Betrieb, in dem Ihr Pferd Licht, Luft und mindestens eine große Box hat und täglich für zwölf oder mehr Stunden zusammen mit Spielkameraden auf die Weide oder in den Paddock kommt. Sie sollten nur Ställe in die engere Wahl ziehen, in denen diese Mindestanforderungen erfüllt sind – egal, wie nobel und toll die „Käfighaltung“ im örtlichen Reitverein auch sein mag.
Ein ganz großes Glück für Sie und

vor allem für Ihr Pferd ist es, wenn Sie einen Platz in einem Lauf- oder Offenstall in Ihrer Umgebung finden. Hier werden die Pferde Tag und Nacht in kleineren oder größeren Gruppen gehalten und können sich bewegen, soviel sie wollen. Glücklicherweise werden es Jahr für Jahr mehr Reitställe und private Pferdehalter, die sich von den militärischen Traditionen in der Pferdehaltung freimachen und nach artgerechten Alternativen suchen. In solchen Stallanlagen können die Pferde rund um die Uhr laufen und spielen, sie erleben Luft, Sonne, Licht, Wind und Wetter hautnah, und es stehen genügend Weiden und Paddocks für alle Pferde zur Verfügung.
Pferde, die so gehalten werden, benehmen sich auch unter dem Sattel anständig, weil sie ausgeglichen und elastisch sind. Sie müssen sich nicht erst mühsam „entsteifen", die spröden Gelenke schmieren und allmählich in Gang kommen. Durch die Haltung in der Gruppe sind sie fit und aufgeweckt. Als Pferdebesitzer hat man übrigens manchmal ein richtig schlechtes Gewissen, wenn man sich auf Reiten eingestellt hat und das eigene Pferd mit anderen in der Sonne liegt und döst oder mit einem Kumpel Fellpflege betreibt ...

Ein guter Pensionsstall zeichnet sich auch durch durchdachte, pferdesichere Lösungen bei Toren, Zäunen, Paddocks und im Stallbereich aus. Keine morschen Bretter, keine scharfen Kanten in Pferdenähe, keine Anbindehaken, die

Sie wollen Ihr Pferd jetzt wirklich abholen, um mit ihm zu arbeiten? Haben Sie denn gar kein Herz?

kaum einem Hund Widerstand bieten würden. In einem guten Pensionsstall kommen die Pferde zuerst, und zwischen Schul- und Privatpferden gibt es keine Unterschiede in der Haltung.
Sehen Sie diese Grundbedingungen in der Anlage Ihrer Wahl erfüllt, dann können Sie Ihr Pferd guten Gewissens dort unterbringen. Denn schließlich muß es Ihr Vierbeiner 24 Stunden am Tag im Pensionsstall aushalten – nicht Sie.
Wenn Sie selbst die Möglichkeit haben, eine Stallanlage zu bauen, dann achten Sie darauf, stabiles Holz in entsprechender Stärke zu verwenden, wählen Sie vernünftige Balken und stabile Schrauben. Achten Sie darauf, daß keine Schrauben- oder Nagelköpfe vorstehen, und arbeiten Sie sorgfältig. Gehen Sie auch mit Imprägniermitteln vorsichtig um: Holz für Heuraufen sollten Sie zum Beispiel auf der „Heuseite" nicht behandeln, um Ihr Pferd nicht unnötig zu belasten.

Der Untergrund in Stall und Auslauf

Ein weiteres Thema, mit dem Sie sich beim Bau einer eigenen Anlage oder bei der Bewertung eines Pensionsstalles befassen müssen, ist die Frage nach dem Unter-

Umstellungsprozesse ...

Manche Pferdebesitzer, die von der Einzelbox auf Gruppenhaltung umgestellt haben, sind enttäuscht. Denn ihre Pferde haben auf einmal so viel mehr Interesse an ihren Artgenossen, daß sie ihre Eigentümer nicht mehr begeistert begrüßen, wenn diese die Anlage betreten. Dabei vergessen die Besitzer, daß Menschen eben kein wirklicher Ersatz für andere Pferde sein können. Als Mensch ist man höchstens ein Rettungsanker für ein Pferd, das in seiner Einzelhaft außer seinem Eigentümer kein lebendes Wesen sieht und spürt.
Dennoch: Ein Pferdebesitzer, der mit seinem Tier liebevoll und gerecht umgeht, der sich auch Zeit zum Pflegen, zum Spielen und zum Reiten nimmt und dabei andere Dinge als ausschließlich Dressurlektionen und Springkombinationen übt, der wird auch in einer Offenstallanlage freudig empfangen. Das ist dann wirklich ein schönes Gefühl, nicht Notnagel zu sein, sondern „die Attraktion des heutigen Tages".

Ein paar Maße im Überblick

Zauntore: Sie sollten mindestens drei Meter breit sein, damit ein Traktor durchfahren kann (beispielsweise zum Ausmähen), bei spitzem Einfahrtswinkel entsprechend breiter.

Zaunhöhe: Das absolute Mindestmaß beträgt 1,20 Meter; bei Hengsthaltung und in der Nähe von Autobahnen und Schnellstraßen 1,60 Meter. Die Pfosten müssen jeweils 60 Zentimeter länger sein, denn so weit müssen sie in den Boden. Pfosten für den Außenzaun (speziell wieder bei Straßen) sollten einen Durchmesser von mindestens acht Zentimetern haben. Sechs-Zentimeter-Pfosten sollten Sie nur zwischen den einzelnen Weiden verwenden.

Litze: Bei Elektrolitze und -seilen muß man auf UV-Beständigkeit achten, sonst sind die teuren Bänder nach zwei bis drei Jahren „morsch". Der Abstand der untersten Litze zum Boden beträgt im Idealfall 50 Zentimeter, die Abstände der einzelnen Litzereihen zueinander sollten nicht größer als 30 Zentimeter sein – vor allem, wenn auch mal Fohlen auf der Wiese stehen können. Teilen sich die Pferde die Weide mit Kühen, so achten Sie darauf, daß eventuell verwendeter Stacheldraht von außen an den Pfählen angebracht wird, damit die Pferde wegen des innen vorgespannten Elektrozauns nicht drankommen können. Ein Elektrozaun ohne entsprechend starkes und auch angeschaltetes Weidezaungerät ist bodenloser Leichtsinn – und für Kühe die Einladung, auszubüchsen. Leider gehen die Pferde dann oft hinterher.

Holzzäune ohne E-Draht oder -Litze sind für die Wechselbeweidung mit Kühen nicht geeignet. Ihr schöner Holzzaun ist sonst nach ein paar Tagen kaputt.

grund. Ställe mit Betonboden haben zwei gravierende Nachteile: Zum einen ist Beton im Winter sehr kalt, zum anderen kann der Urin nicht ablaufen beziehungsweise wird nicht gebunden. Wenn Sie keinen Ärger mit den Behörden bekommen, sollten Sie den Naturboden im Stall belassen – speziell Lehmboden ist hervorragend geeignet – und mit der Zeit entstehende Löcher wieder mit Lehm auffüllen. Lehm hat auch bei Frost eine für den Stallbereich akzeptable Temperatur, er ist weich genug, um darauf mit relativ wenig

Einstreu zu liegen, und hart genug, damit die Pferde nicht einsinken. Beton hat dagegen nur einen einzigen Vorteil: Er ist leicht zu desinfizieren – egal, ob es sich um Würmer oder um infektiösen Durchfall handelt.

Im Außenbereich eines Stalles ist Matsch im Winter und in der Übergangszeit nicht immer zu umgehen. Deswegen sollte es aber trotzdem nicht überall matschig sein. Um permanente Matschflächen zu vermeiden, können Sie Drainagerohre verlegen. Darüber kommt dann eine Vliesschicht und darauf Sand. Eine andere Möglichkeit besteht darin, den Boden mit Holzhäckseln trockenzulegen. Es gibt auch aufwendige Versionen, den Untergrund mit Gummimatten oder Mineralbeton, mit Kies oder Steinplatten zu befestigen. Gleichgültig, wofür Sie sich entscheiden: Die Pferde müssen lediglich eine genügend große Fläche haben, auf der sie laufen können, ohne einzusinken.

Es ist übrigens kein Zeichen besonders artgerechter Haltung, wenn die Pferde bis über die Fesseln im Matsch stehen.

Die Weide

Eine Pferdeweide ist – wie bereits des öfteren erwähnt – ein absolutes Muß, wenn man ein Pferd hält. Neben der richtigen Einzäunung

So sollte eine Pferdeweide aussehen: Eine Vielzahl von Kräutern und Blumen, verschiedenste Gräser, langhalmig und ein bißchen dürr.

(siehe Seite 125) ist die Wiese als solche von Bedeutung.

Ideal sind ungedüngte Weiden, die man aber fast nur in Bergregionen vorfindet. Pferde reagieren auf gedüngte – und damit eiweißreiche – Weiden immer häufiger mit Hautekzemen. Durch das Düngen entsteht auch eine Monokultur: Be-

Und so sehen die meisten Weiden aus: Monokultur in sattem Grün.

sonders schnell wachsende Pflanzen setzen sich durch, und die wichtigen, gesunden Kräuter werden regelrecht „weggedrückt“.
Wenn Sie also die Möglichkeit haben, eine Weide zu pachten, verzichten Sie weitgehend auf Kunstdünger. Der einzige mir bekannte Dünger, der den Kräuterbeständen nicht schadet, ist *Thomas Phosphat Kali* – sparsam eingesetzt. Die Hälfte der angegebenen Menge reicht aus, um zu verhindern, daß sich die Weide völlig auszehrt.

Rinder sind die idealen Weidepartner. Wenn sie einfache Zäune respektieren würden, wär's noch schöner. Leider müssen Zäune für Kühe regelrechten Festungscharakter haben.

Es gibt einige Lieferanten von speziellen Kräutersaatmischungen für Pferdeweiden, wozu die Weide aber angegrubbert, also angerauht, werden muß. Das Saatgut muß nämlich wirklich in die Erde und nicht einfach obendrauf, denn sonst wird es nur von Vögeln gefressen.

Weidewirtschaft mit Wechselbeweidung

Die Wechselbeweidung mit Kühen oder Schafen hat für den Pferdehalter diverse Vorteile. Nehmen wir zum Beispiel die Kühe: Sie fressen langhalmiges Gras oben ab und lassen es bei ausreichendem Futterangebot mit rund 15 Zentimetern Länge stehen. Damit sind die Halme genau so lang, wie die Pferde sie am liebsten fressen. Lange Halme können sie nämlich schlecht packen, fressen deshalb nur die Spitzen ab und treten den Rest um. Ergebnis nach einem Jahr: verfilzte Wiesen und kaum noch frische Grasflächen.

Ein weiterer Vorteil der Wechselbeweidung ist das abwechselnde Ausfressen der sogenannten Gailstellen. Das sind die Flächen auf der Wiese, an denen Pferde ihre

Galloways

Auch bei den Rindern gibt es viele verschiedene Rassen: Fleisch- oder Milchrinder, Allgäuer, Holländer, englische Rassen, mit und ohne Horn, lang- und kurzhaarig, Stallkühe und Robustrinder.

In der Kombination mit Pferden haben sich die Galloways besonders bewährt. Sie sind klein, gehören zu den Fleischrindern und können ganzjährig im Freien gehalten werden, wenn sie einen Unterstand haben. Unter der Beweidung von Galloways, deren Ohren im Normalzustand auf „10 Minuten vor 2“ stehen, kann man auf Düngung komplett verzichten, da sie sehr genügsam sind. Das gilt natürlich nur, wenn genügend Fläche zur Verfügung steht: etwa zwei Hektar pro Rind. In Langzeituntersuchungen konnte eine deutliche Vermehrung der Pflanzenarten festgestellt werden, und seltene Kräuter und Blumenarten wurden wieder heimisch.

Ein weiterer Vorteil der Galloways ist, daß sie Weidezäune deutlich besser respektieren als unser heimisches Fleckvieh, das wirklich dreist durch alle Zäune kriecht und einfach ein bißchen fester drückt, wenn's nicht weitergeht.

Die Furcht vor BSE ist übrigens völlig unbegründet, wenn Sie Tiere aus deutscher Zucht erwerben.

Ein Fall aus der Praxis

„Unser" Bauer hat rund 50 Milch- und Fleischrinder, mit denen er selbst züchtet, aber eben keine ausreichende Weidefläche – gerade für die Jungtiere. Und wir haben wirklich genügend Weiden für unsere Pferde, dafür fehlen uns aber Maschinen für die Weidepflege, ein Platz zur Mistentsorgung und so manches Mal eine starke Männerhand bei Arbeiten wie dem Setzen von Weidepfosten. Unsere Vereinbarung, die in wenigen Jahren gewachsen ist, sieht so aus: Der Bauer zahlt nichts für die Pacht der Weiden und darf seine Kühe zuerst auf unsere rund 30.000 Quadratmeter Pachtland lassen. Die Kühe gehen den Pferden stets voran und bleiben von Mai bis Ende Oktober. Dafür mäht er die Weiden aus, düngt, wenn es nötig ist, spritzt, wenn die Brennesseln wieder die Oberhand zu gewinnen drohen, und geht uns zur Hand, wenn Reparaturen oder neue Zäune anstehen. Auf einem seiner Brachfelder dürfen wir den Pferdemist abladen.
Eine für beide Seiten rundherum zufriedenstellende Lösung.

Äpfel oder Kühe ihre Fladen abgesetzt haben. Pferde fressen nicht von ehemaligen „Äppelplätzen", und Kühe meiden Stellen, an denen sich Kuhfladen befanden. Diese Abneigung ist eine Vorsichtsmaßnahme der Natur, denn so wird die Verbreitung von Wurmeiern, die sich im Kot befinden und dann mit den Grashalmen wieder aufgenommen werden, etwas behindert.
Pferden machen aber die Eier von Kuhparasiten nichts aus, und umgekehrt fressen Kühe problemlos an Stellen, an denen sich Pferdeparasiten-Eier befinden. Diese Eier werden im Darmtrakt der jeweils anderen Gattung vernichtet. Wechselbeweidung hilft also ganz massiv dabei, die Parasiten beider Tiergruppen in Schach zu halten.
Für die Wechselbeweidung mit Schafen gilt ähnliches, wobei Schafe durch ihre kleinen Hufe den Boden stark verdichten. Manche Pflanzenarten, vor allem einige wertvolle Kräutersorten, benötigen aber einen lockeren Boden. An eine Schafherde kommt man leihweise auch nicht so leicht heran wie an ein paar Kühe. Mancher Bauer ist nämlich hocherfreut, wenn er auf diese Weise zu mehr Weidefläche für seine Rinder kommt. Und Sie kommen im Gegenzug in den Genuß so mancher Gefälligkeit.

Die Pferdegesundheit

Es ist leider nicht immer zu vermeiden: Ab und zu werden Pferde krank. Woran aber erkennt man das?
Zum einen gibt es Durchschnittswerte, die Sie messen können. Bei einem gesunden erwachsenen Pferd liegt die **Körpertemperatur** bei 37,5° bis 38° Celsius, bei Fohlen sind etwa 38,5° bis 39° normal. Die **Pulsfrequenz** beträgt in Ruhe etwa 30 bis 40 Schläge pro Minute, und der dritte Standardwert ist die **Atemfrequenz**: Ein gesundes, erwachsenes Pferd macht im Ruhezustand acht bis 16 gleichmäßige, tiefe Züge pro Minute.
Zum anderen gibt es Anzeichen für Gesundheitsstörungen:

- Unruhe des Pferdes: Es wirkt nervös, läuft herum und macht den Eindruck, als hätte es irgendwo irgend etwas „quersitzen".
- Apathie: Das Pferd steht in der Box, nimmt seine Umwelt nicht wahr, reagiert auch auf Zuruf nicht und läßt den Kopf hängen.
- Futterverweigerung: Sie ist ein absolutes Alarmzeichen. Man muß unbedingt die Ursache dafür herausfinden.
- Abweichungen beim Ausscheiden: Schwitzen ohne Arbeit, Durchfall, häufiges Absetzen von Urin.
- Schlechte Durchblutung, Leberprobleme (gelbe Bindehaut).

In den meisten Fällen werden Sie nur raten können, was Ihrem Pferd fehlt. Die vor allem bei Landwirten weit verbreitete Unsitte, erst einmal selbst herumzudoktern, haben schon viele Pferde mit ihrem Leben bezahlt ... Und selbst wenn's nicht gleich so kraß kommt, sollten Sie Ihrem Tierarzt zugute halten, daß er/sie mindestens fünf Jahre studiert hat, als Assistenzarzt und womöglich in einer Klinik über Jahre hinweg Erfahrung gesammelt hat und sicher nicht erst seit gestern eine eigene Praxis hat. Er hat im Zweifelsfall mehr drauf als der Reitlehrer, die Frau Schneider mit dem dicken Fuchs und der

Zahnarzt, dessen Pferd neben dem Ihren steht.
Beim „Umgang“ mit Tierärzten sollten Sie bedenken, daß ein Veterinär eigentlich immer arbeitet: Er wird am Wochenende ebenso gerufen wie mitten in der Nacht, er hat meist eine Praxis und ist dann auch noch bis in die späten Abendstunden in den Ställen unterwegs. So einen vielbeschäftigten Menschen wegen einer Kleinigkeit zu holen, ist ebensowenig richtig, wie ihn erst dann anzurufen, wenn „Holland in Not“ ist. Um im richtigen Moment nach Hilfe zu rufen, müssen Sie zuerst lernen, zwischen lebensbedrohenden Krankheiten und solchen Erkrankungen zu unterscheiden, bei denen es nicht auf die Minute ankommt.

Zu den Krankheiten, die keinen Aufschub dulden, gehören:

- Kolik
- Schlundverstopfung
- Kreuzverschlag
- stark blutende, tiefe Verletzungen, Augenverletzungen, Hufverletzungen
- Brüche
- Vergiftungen
- Hufrehe/Geburtsrehe
- starke Lahmheiten (Pferd fußt gar nicht mehr auf)

Folgende Krankheiten haben auch ein paar Tage Zeit – aber nicht Wochen:

- Zahnprobleme
- leichtere Lahmheiten
- Durchfall (aber Auge drauf, ob das nicht eine Gaskolik wird!)

Nur Geduld!

Weder wurde Rom in einem Tag erbaut, noch ist ein Pferd nach dem Besuch des Tierarztes sofort wieder fit. Geben Sie Ihrem Pferd Zeit, wieder vollständig gesund zu werden. Egal, ob es einen Schnupfen hat, eine Verletzung oder eine Kolik: Es ist eine ausgemachte Schweinerei, ein krankes Tier wieder „einsatzfähig“ zu spritzen, nur damit das Turnier oder der große Herbstritt nicht in Gefahr kommen. Das ist herzlos ... und vor allem dumm. Denn so manches kleine Zipperlein wird, wenn das Pferd vor der Zeit belastet wird, zur großen Krankheit und irgendwann auch chronisch. Aus Husten wird Dämpfigkeit, aus einer kleinen Verstauchung womöglich jahrelange Lahmheit. Und aus einem netten Pferd ein Fall für den Schlachter. Wenn ich so arme Viecher sehe, wünsche ich mir manchmal, die Besitzer gingen den gleichen Weg.

So informieren Sie Ihren Tierarzt richtig

Ausgehend davon, daß Sie Ihren Tierarzt kennen sollten und er den Weg zu Ihrem Stall, schildern Sie ihm die wichtigsten Symptome. Bei Anzeichen von Infektionskrankheiten wie Husten oder Grippe sollten Sie bereits vor dem Anruf Fieber gemessen haben, damit Ihr Tierarzt weiß, wie dringend die Sache ist. Bei hohem Fieber wird er sicherheitshalber noch am gleichen Tag kommen – und andere Fälle zurückstellen –, bei einer leichten Erhöhung der Temperatur kann das Pferd ja auch noch einen Tag warten. Wenn er Ihnen für den gleichen Tag einen Korb gibt, schnappen Sie nicht ein! Auch andere Pferdebesitzer haben kranke Tiere, denen's womöglich richtig schlecht geht.
Hat Ihr Pferd eine schwere akute Erkrankung oder Verletzung, also beispielsweise eine starke Kolik oder einen Bruch, scheuen Sie sich nicht, auch einen anderen Veterinär anzurufen, wenn der schneller im Stall sein kann als Ihr Tierarzt. Hier zahlt es sich aus, wenn Ihr Pferd in einem großen Pensionsstall steht: Denn dann ist die Auswahl an möglichen Tierärzten größer, die Chancen stehen besser.

- Husten/Erkältungen (nur ohne Fieber)
- niedriges Fieber
- Hautprobleme
- haarlose Stellen

Es kommt vor dem Einschalten des Tierarztes also auf das systematische Abklopfen von Krankheitssymptomen an, die man natürlich in den Grundzügen kennen sollte, auf eine exakte Beobachtungsgabe und auf Augenmaß. Man könnte es auch Respekt vor der Arbeit anderer nennen, wenn das nur nicht gleich wieder so moralinsauer riechen würde.

Richtig Fiebermessen

Ein Fieberthermometer gehört in jeden Putzkoffer beziehungsweise in jede Stallapotheke. Am besten kaufen Sie ein gutes elektronisches, weil diese Thermometer die Temperatur schneller – und meist genauer – anzeigen. Außerdem kann nicht viel passieren, wenn sie auf den Boden fallen. Binden Sie vorsichtshalber eine Schnur ans hintere Ende des Thermometers und befestigen Sie daran eine Wäscheklammer. Die klemmen Sie dann beim Fiebermessen an den Schweif des Pferdes. So ist sicher-

Wie bei Babys und Kleinkindern, muß man das Fieberthermometer auch bei Pferden erst mit Fett gleitfähiger machen.

gestellt, daß das Thermometer nicht auf Nimmerwiedersehen im Pferd verschwinden kann.

Lassen Sie das Pferd halten oder binden Sie es so fest, daß es nicht zur Seite hüpfen kann – die Stallwand ist eine gute einseitige Begrenzung. Tupfen Sie etwas Fettcreme oder Melkfett auf die Thermometerspitze – zur Not tut's auch Draufspucken, es soll nur eben ein bißchen besser gleiten. Stellen Sie sich nicht direkt hinter das Pferd, wenn Sie Ihr Tier nicht 100prozentig kennen, und führen Sie das Thermometer ein. Klemmt das Pferd den Schweif fest ein, so krabbeln Sie es ein bißchen am Schweifansatz. Es wird den Schweif entzückt lockern und leicht abspreizen. Jetzt ganz ruhig weiterkrabbeln, die Schweifrübe festhalten und das Thermometer einführen – das sind die Momente,

Und dann: hoch den Schweif und rein damit! Ist gar nicht schwer, Sie müssen nur Ihre Scheu überwinden.

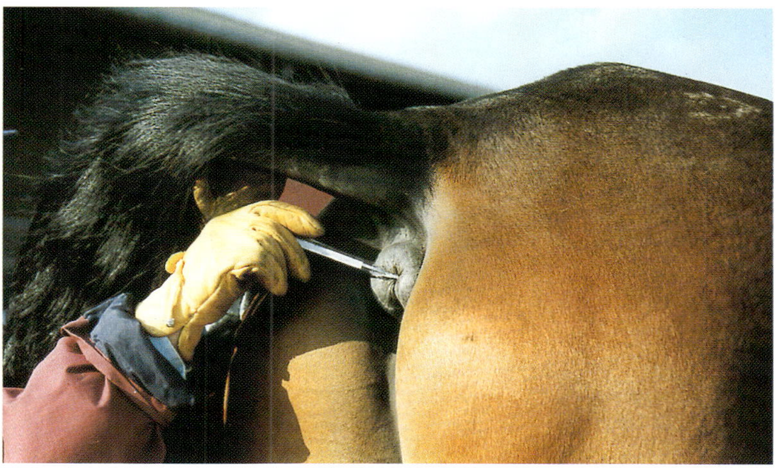

in denen man sich wünscht, drei Arme zu haben. Halten Sie das Thermometer während der gesamten Messung gut fest – Krabbeln nicht vergessen und mit dem Pferd reden. Gleich piept's, und Sie wissen Bescheid.

Schwere Erkrankungen und ihre Symptome

Koliken

Das Wort Kolik ist eine Art Oberbegriff für Bauchschmerzen, die beispielsweise durch starke Blähungen oder Verstopfungen hervorgerufen werden. Die Ursachen dafür können sein: mangelnde Bewegung, bei empfindlichen Pferden Wetterumschwünge oder nasses Wetter bei wenig Bewegung, krasse Futterumstellung (neue Weide, andere Futtermittel von heute auf morgen) oder der Genuß falscher beziehungsweise verdorbener Futtermittel, völliges Überfressen (Boxenausbruch, der in der Futterkammer geendet hat). All diese Kolikauslöser werden durch Wurmbefall noch kraß verstärkt. Regelmäßige Wurmkuren sind also dringend zu empfehlen! Oft liegt die Ursache einer Kolik auch in einer schlecht gemisteten Box, die einige Pferde nicht vertragen. Obwohl man zwischen Verstopfungs-, Gas-, Vergiftungs- und Vertrocknungskoliken unterscheidet, sind die Symptome weitgehend gleich:

- Unruhe des Pferdes von leichter Nervosität bis hin zur blanken Panik
- Schwitzen ohne Anstrengung, erst am Hals, später überall
- Umsehen und Treten nach dem Bauch
- Hinlegen und wieder aufstehen
- Wälzen, Stöhnen

Mit den ersten beiden Symptomen in leichter Form beginnt jede Kolik. Das bedeutet: Wenn Sie Ihr Pferd unruhig und etwas schwitzig am Hals antreffen, sollten bei Ihnen schon die Alarmglocken läuten. Rufen Sie bei konkretem Verdacht umgehend den Tierarzt, und bleiben Sie bis zu seinem Eintreffen bei Ihrem Pferd. Beruhigen Sie es nach Möglichkeit, und massieren Sie, wenn es das zuläßt, leicht seinen Bauch, indem Sie eine stabile Pferdedecke unter dem Bauch durchführen und dann mit gleichmäßigen Bewegungen und sanftem Druck rechts und links ziehen, als ob Sie sägen würden. Dann massieren Sie seine Schweifrübe – das aber nur, wenn die Kolik noch nicht zu weit fortgeschritten ist. Heben Sie die Schweifrübe vorsichtig mit beiden Händen an, machen Sie damit behutsame, kreisende Bewegungen, ziehen Sie ganz sanft daran ... Unter Umständen läßt das Pferd jetzt schon größere Mengen Luft ab.

Massieren Sie, wenn Ihr Pferd das gestattet, seine Ohren, vollführen

Mein Kolikprogramm bis zum Eintreffen des Tierarztes

Bei ersten Kolikanzeichen, also Unruhe und leichtem Schweiß, verabreiche ich *Colosan*, eine Art „Kräuterschnaps“ der Firma Schaette, der im gut sortierten Reitsporthandel erhältlich ist. Er hat bislang das Schlimmste verhindert, wenn die Kolik im Anfangsstadium war. Zudem gebe ich alle 20 Minuten die Bachblüte *Vervain* zusammen mit *Rescue-Tropfen* (beides bekommt man in der Apotheke) und beginne mein Massageprogramm: erst mit der Pferdedecke rubbeln, dann den Schweif und, wenn es geht, die Ohren massieren. Bis auf eine schwere Futterkolik durch einen Bissen „Ostergras“ kam der Tierarzt stets zu einem inzwischen wieder weitgehend munteren Pferd.

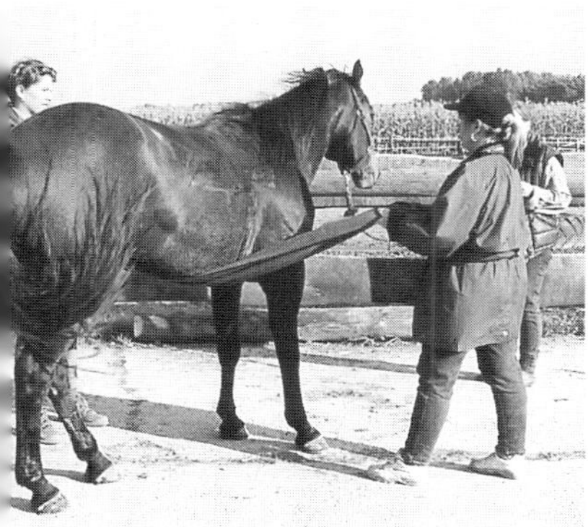

Sie auch hier kreisende Bewegungen, und zupfen Sie sanft daran. Auch das entspannt seinen Darm. Das Pferd darf in dieser Zeit natürlich nichts fressen, auch kein Heu oder Stroh. Saufen darf es, wird es aber vermutlich nicht wollen.

Den häufig erteilten Rat, das Pferd bei einer Kolik zu führen, können Sie in den Wind schlagen: Durch das Laufen wird der Kreislauf des Pferdes zusätzlich beansprucht,

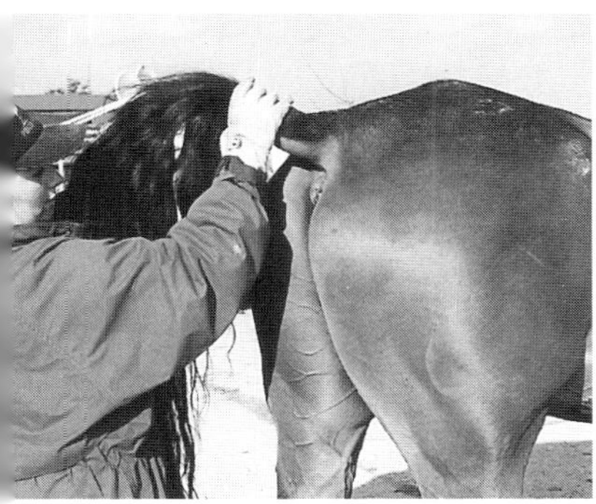

Oben: Das Massageprogramm nach Linda Tellington-Jones: eine Decke unter dem Bauch durchziehen und mit einem Helfer „sägen“. Bei schweren Koliken wird das Pferd aber nicht so ruhig stehenbleiben – dann ist sogar eine Decke schmerzhaft.

Links: Die Schweifrübe leicht anheben und damit sanfte Kreise vollführen: Das entspannt, und Luft geht ab.

und das Mehr an Bewegung führt leider nicht immer zum gewünschten Erfolg, nämlich zum Äppeln.
Tobt Ihr Pferd vor Schmerzen wie verrückt in der Box, lassen Sie es, wo es ist, und gehen Sie auf keinen Fall in die Box. Sie riskieren ansonsten Ihre eigene Gesundheit. Bei starken Schmerzen erkennt kein Pferd mehr seinen Freund und Besitzer. Überlassen Sie es sich selbst, damit es eine Position finden kann, in der es möglichst wenig Schmerzen hat. Wenn es auf dem Rücken liegen möchte, dann soll es eben auf dem Rücken liegen. Darmverschlingungen entstehen nicht durchs Wälzen!
Wenn sich Ihr Pferd erstklassig verladen läßt und nur eine leichte Verstopfungskolik hat, können Sie es auch auf den Hänger führen und eine winzige Runde um den Block fahren. Vor lauter Aufregung fällt dann manchmal auf dem Anhänger der ersehnte Äppelhaufen.

Schlundverstopfung

Bei einer Schlundverstopfung hängt ein Fremdkörper in der Speiseröhre des Pferdes und kann

Ab in die Klinik

Bei ganz schweren Koliken kann es sein, daß der Tierarzt nach einer kurzen Untersuchung den Transport in eine Klinik anordnet. Darmverschlingungen können, von wenigen Ausnahmen abgesehen, nur in Spezialkliniken operativ behandelt werden. Für den Transport benötigen Sie neben einem stabilen Anhänger, einem Zugfahrzeug und ein oder zwei Helfern einen Anfahrtsplan für die Klinik und ein Schmerzmittel für das Pferd. Es bringt nämlich herzlich wenig, wenn sich Ihr Pferd auf dem Anhänger vor Schmerzen hinwirft. Da sich in der Regel schon vor dem Eintreffen des Tierarztes herauskristallisiert, ob es sich um eine schwere Kolik handelt, ist es ratsam, den Transport schon vorab vorzubereiten. In solchen Fällen haben Sie wieder einmal die besseren Karten, wenn Ihr Pferd in einem großen Pensionsstall untergebracht ist.
Steht Ihr Pferd in einem kleinen Stall, wo Sie keinen Anhänger samt Zugfahrzeug ausleihen können, sollten Sie für alle Fälle die Telefonnummer eines „Tiertaxis“ in Ihrer Nähe zur Hand haben. Leider sind diese Tiertaxen oder Pferdetransporteure nicht so häufig, wie man sich das manchmal wünschen würde.

nicht abgeschluckt werden. Sie entsteht meist dadurch, daß die Pferde das Futter hastig und weitgehend ungekaut herunterschlingen. Es gibt aber auch Schlundverstopfungen, die durch Rübenschnitzel oder Pellets verursacht werden, wenn diese nicht genügend Zeit zum Aufquellen hatten. Der beim Kauen entstehende Speichel löst dann diesen Quellvorgang aus, und die Pellets nehmen auf dem Weg in den Magen so an Volumen zu, daß sie im Schlund hängenbleiben. Auch Möhren, ganze Äpfel oder Kartoffeln können solche Übeltäter sein.

Die Symptome: Ein Pferd mit Schlundverstopfung macht einen richtig kranken Eindruck. Es läßt den Kopf hängen, wird aber meist sofort ängstlich, wenn man versucht, es näher zu untersuchen. Auffällig ist, daß meist Speichel aus dem Maul und aus der Nase läuft, weil der ja durch die Speiseröhre nicht mehr in den Magen gelangen kann, das Pferd läuft also regelrecht über. Auch Wasser kann es nicht mehr schlucken. Es besteht die Gefahr, daß der Speichel über die Luftröhre in die Lunge gelangt – vor allem, wenn das Pferd den Kopf hoch hält. Es kann dadurch eine oftmals tödlich verlaufende Lungenentzündung bekommen.

Bis zum Eintreffen des Tierarztes sollten Sie möglichst für Ruhe sorgen und das Pferd weiter animieren, den Kopf gesenkt zu halten, damit der Speichel durch das Maul ablaufen kann. Man kann dem Pferd auch Erleichterung verschaffen, indem man seinen Unterhals sanft vom Kopf in Richtung Brust massiert. Auf keinen Fall sollten Sie versuchen, das Pferd zu tränken oder zu füttern. Der Fremdkörper hängt in der Regel richtig fest und kann auch durch Wasser und noch mehr Futter nicht „heruntergedrückt" werden.

Bei Schlundverstopfung durch Rübenschnitzel ist es meist notwendig, eine Magensonde zu setzen, Wasser „hinunterzupumpen" und Wasser mit Brei wieder abzusaugen. Je nach Futtermenge ist das eine ganz schön langwierige Arbeit.

Kreuzverschlag

Diese Krankheit wird auch Feiertagskrankheit genannt, weil sie meist durch plötzliche starke Überanstrengung entsteht – wenn Herrchen oder Frauchen beispielsweise endlich den langersehnten großen Ausritt macht. Ebenso häufig ist Kreuzverschlag nach mehreren Stehtagen bei unverminderter Fütterung, wenn danach einfach drauflos geritten wird. Auch eine fortwährende Überanstrengung des Pferdes kann letztlich im Kreuzverschlag enden. Das Pferd fühlt sich dabei nicht mehr imstande, sich zu bewegen, weil sich die großen Muskelpartien des Rückens und der Hinterhand in ei-

Kreuzverschlag durch Sattelzwang

Die folgende Geschichte ist mir leider selbst passiert: Ich hatte für ein neues Pferd einen Westernsattel gekauft, der vom Reitsportsattler persönlich anprobiert und für geeignet erklärt worden war. Als meine Pflegemädchen am nächsten Tag aus dem Gelände kamen, schaffte es die kleine Stute gerade noch bis auf den Hof und zeigte dort alle Symptome eines Kreuzverschlags. Wir haben den Tierarzt gerufen, abgesattelt, sie stehengelassen und warm eingedeckt. Einer Eingebung folgend, träufelte ich ihr drei Tropfen *Bachblüten-Rescue* auf die Unterlippe. Ich habe mehrere Zeugen dafür: Nach zwei Minuten begann sich das Pferd sichtlich zu entspannen. Die Stute gab die Sägebockstellung weitgehend auf, sie war auch nicht mehr so apathisch. Ich ließ sie stehen und wiederholte die Gabe der Tropfen nach 20 Minuten. Dem Pferd ging es von Minute zu Minute besser. Als der Tierarzt nach 45 Minuten eintraf, war die absolute Notfallsituation gar nicht mehr gegeben, wegen der er so schnell gekommen war. Er verabreichte dem Stütchen noch ein Muskelrelaxans, verordnete drei Wochen Reitpause und einen anderen Sattel. Den haben wir dann mit Hilfe eines elektronischen Meßpads gekauft.

ner Art „Mega-Muskelkater“ verhärten. Jede Bewegung schmerzt – nichts geht mehr.

Die Symptome: Zur plötzlichen Verhärtung der Muskeln kommt es weniger im Stall, sondern meist urplötzlich unter dem Sattel, also im Gelände oder auf dem Platz. Das Pferd will keinen Meter mehr weiter und stellt sich wie ein Sägebock hin: Beine vorne und hinten weggespreizt, Kopf leicht hängend. Es versucht so, seine schmerzenden Muskeln zu entlasten. Auch der Drang, Pipi zu machen, ist stark. Wenn das Absetzen von Harn gelingt, ist dieser meist braunrot, da sich rote Blutkörperchen darin befinden.

Lassen Sie das Pferd bis zum Eintreffen des Tierarztes stehen, wo es sich gerade befindet. Tritt der Kreuzverschlag im Gelände auf, lassen Sie das Pferd mit dem Hänger abholen (wohl dem, der mit Handy reitet!). Satteln Sie das Pferd schnell ab und decken Sie die gesamte Rücken- und Nierenpartie warm ein, damit die Muskeln nicht noch zusätzlich auskühlen. Wenn es Sie im Gelände trifft, spendieren Sie Ihrem Pferd unbedingt Ihre Jacke oder Ihren Pulli. Falls die Möglichkeit dazu besteht, entscheiden Sie sich für einen windgeschützten Platz. Das Pferd braucht gerade an der Nierenpartie und auf dem Rücken dringend Wärme, um das durchzustehen.

Tun Sie aber im Stall nicht zuviel des Guten, indem Sie noch ein Wärmekissen drunterlegen. Dann schlägt die Wärmewirkung ins Gegenteil um.

Stark blutende Verletzungen

Hoffentlich können Sie Blut sehen. Denn natürlich sind Verletzungen bei Ihrem Pferd „immer drin", und dann ist Anpacken angesagt. Ein Erste-Hilfe-Kurs für Menschen ist sicher eine Unterstützung, und gute Nerven auch.

Rufen Sie zuallererst den Tierarzt, bevor Sie irgend etwas unternehmen – es sei denn, eine Schlagader ist verletzt: dann erst abbinden und anschließend den Tierarzt anrufen. Bei mittelschweren Verletzungen können Sie die Wunde zur Erstversorgung mit einem milden Wasserstrahl von Schmutz reinigen. Schmieren Sie ansonsten nichts auf die Wunde, solange der Tierarzt sie nicht gesehen hat. Auch Blauspray sollten Sie nur bei kleinen oberflächlichen Wunden und Hautabschürfungen verwenden. Bei Verletzungen, die der Tierarzt begutachten und behandeln soll, sollten Sie nichts machen, bis er kommt. Eine Wunde, die durch Desinfektionsmittel eine andere Farbe angenommen hat, ist nämlich schwerer zu bewerten als eine frische mit den „richtigen" Farben.

Nur Hautabschürfungen und Risse im Muskelfleisch können Sie unter Umständen selbst behandeln – letztere allerdings lediglich bei einer Tiefe von maximal einem Zentimeter und sofern sie nicht klaffen; ansonsten müssen sie genäht werden. Alle anderen Wunden sollte in jedem Fall der Tierarzt sehen. Das gilt auch für größere Stellen abgerissenen Hufhorns oder für eingetretene Nägel und vor allem für alle Fremdkörper, die im Pferdekörper stecken. Diese nicht herausziehen, sondern stecken lassen! Meist werden größere Gegenstände wie etwa Weidepfähle oder Holzstiele erst in der Klinik entfernt, wo auch die sofort einsetzende starke Blutung gestillt werden kann.

Also: Wunden, für die Sie den Tierarzt nicht rufen müssen, reinigen Sie erst unter fließendem Wasser oder mit einem desinfizierten Schwamm und behandeln sie danach mit Desinfektionsmittel. Lassen Sie die Wunde nach Möglichkeit offen und decken Sie sie nicht mit Cremes, Salben oder Verbänden ab, damit sie Luft bekommt. Wenn die Fliegen sehr lästig sind, sollten Sie das Pferd für ein paar Stunden in den Stall stellen, bis die

Wunde abgetrocknet ist. Überprüfen Sie auf jeden Fall, ob Ihr Pferd wirksam gegen Tetanus geimpft ist. Die letzte Wiederholungsimpfung sollte auf keinen Fall mehr als zwei Jahre zurückliegen.

Brüche an den Gliedmaßen

Einen Bruch an einer Gliedmaße erkennen Sie wie beim Menschen auch beim Pferd daran, daß es das Bein überhaupt nicht mehr belastet. Bei Durchbrüchen stimmt auch der Winkel meist nicht mehr: Das Bein wirkt verschoben oder unnatürlich abgewinkelt. In solchen Fällen muß man das Pferd bis zum Eintreffen des Tierarztes stehenlassen, wo es gerade ist, und die Nerven bewahren. Auch bei Pferden lassen sich Brüche mittlerweile heilen.

Generell gilt: Wenn Ihr Pferd mit einem Bein gar nicht mehr auftritt, sollten Sie in jedem Fall sofort den Tierarzt rufen – egal, ob es ein Bruch sein könnte oder nicht. Auch eine gerissene Sehne oder eine andere Verletzung kann an dem merkwürdigen Verhalten schuld sein.

Andere Brüche

Andere Brüche wie etwa der Bruch einer Rippe sind naturgemäß nicht direkt festzustellen, sondern erst durch entsprechende Röntgenaufnahmen eindeutig zu diagnostizieren. Sie müssen sich allerdings keine Sorgen darüber machen, daß Sie einen Bruch oder eine schwere Verletzung übersehen könnten. Ihr Pferd wird Ihnen deutlich zeigen, daß ihm etwas weh tut, und der Tierarzt übernimmt dann die Behandlung.

Vergiftungen

Eine Vergiftung zu diagnostizieren, ist selbst für einen Fachmann manchmal schwierig. Die Symptome ähneln nämlich oft denen von

Am falschen Ende gespart

Es gibt leider immer wieder „Pferdeleute“ – nicht selten Profis und langjährige Pferdehalter der Marke „Bin schon auf Turniere gegangen, da hast du noch in die Hosen gemacht ... hähähähä“ –, die ein krankes Pferd erst einmal stehenlassen und ein paar Tage abwarten. Meist wollen sie dadurch Geld sparen, oder es fehlt ihnen einfach an Engagement. Mit dieser Methode ist aus meiner Sicht keine einzige Mark zu sparen, denn je früher ein gesundheitliches Problem von einem Fachmann angegangen wird, um so eher besteht eine Chance auf Heilung.

herkömmlichen Erkrankungen. Riskieren Sie deshalb immer einen zweiten kritischen Blick, falls sich Ihr Pferd anders benimmt als sonst. Wenn ein sonst stürmischer Geselle apathisch herumsteht oder wenn Ihr Stütchen, das Ihnen sonst entgegenwiehert, im letzten Winkel der Box bleibt, sollten Sie der Sache auf den Grund gehen.
Hier ein paar mögliche Symptome von Vergiftungen: Gleichgewichtsstörungen, trüber Blick, Durchfall, Schaum vor dem Maul, gelbe oder gerötete Bindehaut an den Augen, verfärbte Mundschleimhaut oder manchmal auch „nur“ Anzeichen einer Kolik. Wenn Sie den Verdacht haben, daß Ihr Pferd möglicherweise eine Vergiftung haben könnte, zögern Sie nicht und rufen Sie sofort den Tierarzt.

Hufrehe
Auch die Hufrehe ist eine Form der Vergiftung, obwohl sie oft zu den Erkrankungen des Bewegungsapparates gerechnet wird. Auslöser ist eine Überproduktion des körpereigenen Stoffes Histamin. Es wird in ungesundem Maße gebildet, wenn das Pferd zum Beispiel zu viel gefressen hat, wie das zu Beginn der Weidesaison oder beim Einbruch in die Futterkammer der Fall sein kann. Als Begleiterscheinung dieser Überproduktion wird die Durchblutung heruntergesetzt, und das wirkt sich in den Hufen besonders unheilvoll aus. Der komplizierte Aufhängungsmechanismus des Hufbeines im Hufschuh, ein gut durchblutetes Blättchensystem, gerät aus den Fugen, und das Hufbein sinkt in der stärkeren Ausprägung der Krankheit mangels Halt ab.
Die Symptome: Das Pferd steht – meist mit hängendem Kopf und ziemlich teilnahmslos – wie auf Zehenspitzen in der Box, will keinen Schritt vorwärts machen und versucht, möglichst wenig Gewicht auf die Hufe zu bekommen. Da die Vorderbeine im Stand mehr tragen müssen, versucht das Pferd, sein Gewicht nach hinten zu verlagern, indem es die Hinterhand möglichst weit unter den Bauch schiebt. Meist sind die Hufe auffallend warm, doch das ist nicht immer der Fall. Wenn Sie Ihr Pferd in einer solchen unnatürlichen Stellung im Stall oder auf der Wiese stehen sehen, sollten Sie sofort den Tierarzt rufen.

Erkrankungen, die nicht lebensbedrohend sind

Zahnprobleme erkennt man daran, daß das Pferd sabbert und/oder Schaum vor dem Maul hat. Manchmal hört das Tier auch einfach zu fressen auf oder schiebt das Futter im Maul herum. Rufen Sie den Tierarzt, und lassen Sie ihn die Zähne abfühlen. Zahnhaken, die durch ungleichmäßige

Vor dem Raspeln sollten Sie Ihr Pferd etwas „dopen", damit es nach der Behandlung nicht tagelang kopfscheu ist. Das Pferd aber erst dann in die Herde zurückbringen, wenn es wieder 100prozentig klar im Kopf ist, damit es nicht zur leichten Beute wird.

Abnutzung der Zähne – meist der Backenzähne – entstehen, werden dann vom Tierarzt abgeraspelt. Lassen Sie dem Pferd nötigenfalls eine Beruhigungsspritze geben. Mit Nasenbremse steht es zwar auch still, aber das laute Raspelgeräusch in seinem Kopf, die Maulsperre und das Herumwursteln sind eine richtige Tortur, nach der viele Pferde verständlicherweise kopfscheu sind.

Leichte Lahmheiten können ebenso wie **Husten, Erkältungen** oder eine **etwas erhöhte Temperatur** auch mal ein oder zwei Tage warten, der Tierarzt muß nicht sofort kommen. Es reicht, dem Pferd Ruhe zu verschaffen, es also nicht zu reiten. Ich lasse meine Pferde auch bei solchen „Unpäßlichkeiten" auf die Wiese, da sie sich nach meiner Erfahrung nicht mehr bewegen, als ihnen gut tut. Wem ein Bein weh tut, der muß eben ein bißchen langsamer laufen. Wenn er trotzdem über die Wiese fetzt, dann kann's auch nicht so schlimm sein. Und für Erkältungen jeder Art gibt's eh nichts besseres als viel frische

Bachblüten für Tiere

Sie haben in diesem Buch schon mehrmals Hinweise auf Bachblüten erhalten. Ich wende sie bislang laienhaft an und verwende hauptsächlich die Essenz *Rescue*, das sind die „Notfalltropfen". Sie haben mir beziehungsweise meinen Pferden bei Verletzungen, akutem Sattelzwang und einer kleinen Kolik schon wertvolle Hilfe geleistet, und es schadet gar nichts, einem verletzten oder kranken Tier einfach ein paar Tropfen zu geben. Wenn Sie mehr darüber wissen wollen: Es werden inzwischen Bachblüten-Kurse sowie diverse Bücher zu diesem Thema angeboten.

Tierbehandler – und wer sich so nennt ...

Leider kann sich heute noch jeder zum „Tierbehandler“ (früher Tierheilpraktiker) machen, indem er sich ein entsprechendes Schild an die Tür nagelt. Da der Pferdemarkt augenscheinlich groß ist und der Arbeitsmarkt schwierig, erinnert sich so mancher an seine verpaßte Karriere als Tierarzt und schreibt sich in einer entsprechenden Schule ein. Die Kurse, die hier angeboten werden, erstrecken sich über einen Zeitraum von drei Monaten bis hin zu drei Jahren, kosten eine Menge Geld – und längst nicht alle halten, was sie versprechen. Dennoch gibt es Tierbehandler, die angeblich hoffnungslosen Fällen wieder in die Hufe und auf die Pfoten geholfen haben. Zum Glück reguliert sich der Markt weitgehend selbst. Fragen Sie deshalb einfach ein paar Reiterkollegen, ruhig auch aus anderen Ställen, nach ihren Erfahrungen mit dem einen oder anderen Tierbehandler. Ein guter Ruf, davon können Sie ausgehen, ist hart verdient und ein schlechter meist berechtigt – einer der wenigen Fälle, in denen es ratsam ist, mit den Wölfen zu heulen.

„Normale“ Heilpraktiker, also solche für Menschen, haben oft auch die richtigen Methoden für Tiere. Wenn Sie also mit Ihrem eigenen Heilpraktiker zufrieden sind, fragen Sie ihn ruhig einmal, ob er sich – nach Feierabend, versteht sich – nicht einmal Ihr Pferd ansehen könnte.

Luft – vorausgesetzt, auf der Weide befindet sich eine Möglichkeit zum Unterstellen, wenn's denn regnet.

Erkennen Sie bei Ihrem Pferd **haarlose Stellen, Pusteln** oder **unerklärlichen Haarausfall**, dann kann es sich um eine Pilzerkrankung handeln. Lassen Sie das in den nächsten Tagen vom Tierarzt abklären. Wenn er sich nicht ganz sicher ist, wird er eine Kultur anlegen, und dann haben Sie innerhalb einer Woche Gewißheit. Auch ein Pilz ist letztlich eine Infektionskrankheit: Das Immunsystem ist geschwächt, und deshalb können sich die Pilzsporen auf dem Pferd breitmachen. Das ist auch der Grund dafür, daß meist nur einige Pferde in einer Stallgemeinschaft erkranken, selten ist der ganze Bestand betroffen. Besprechen Sie deshalb auch mit Ihrem Tierarzt, wie Sie das Immunsystem Ihres Pferdes stärken können. Zu einer erfolgreichen Pilzbehandlung gehört das komplette Desinfizieren von Putz- und Sattelzeug inklusive Pferdedecken und Halftern, damit sich das Pferd nicht durch eine Art Jojo-Effekt ständig wieder selbst ansteckt.

Wurmkuren

In alternativen Heillehren sind Wurmkuren zwar ebenso wie Impfungen verpönt, aber aus der klassischen Tiermedizin sind sie nicht wegzudenken.
Es ist ratsam, ein Pferd regelmäßig zu entwurmen, denn Magen-Darm-Parasiten entziehen dem Pferd einerseits Nährstoffe und schädigen

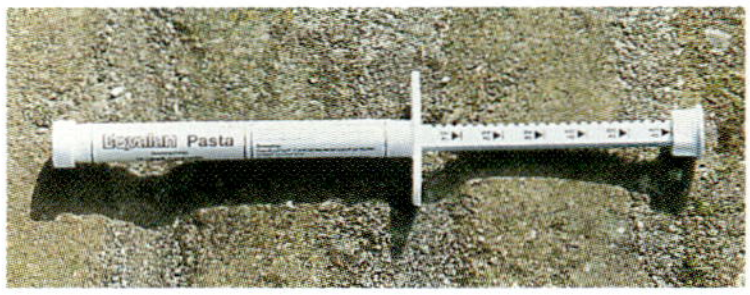

Je schwerer das Pferd ist, um so mehr Paste muß es bekommen. Mit einer solchen Skala ist das Dosieren einfach.

auf der andere Seite seinen Darm, manche greifen auch andere Organe an. Nach einer Untersuchung einer tierärztlichen Klinik betrafen mehr als 90% der tödlich verlaufenen Koliken Pferde, deren Gedärme durch früheren Wurmbefall geschädigt waren beziehungsweise die akut stark mit Würmern befallen waren.

So machen Sie es richtig: Erst die Wurmkur hinter dem Rücken verstecken ...

... und schwupp, hinein damit. Der Überraschungseffekt sorgt für geringen Widerstand.

So bekommen Sie die Wurmkur ins Pferd

Besehen Sie sich in Ruhe und außer Sichtweite Ihres Pferdes den Applikator, der meist eine Art Spritzenform hat. Eine Gewichtsskala zeigt Ihnen, wie weit Sie den Stab im Pferdemaul in den Applikator schieben müssen, um die richtige Dosierung zu erreichen. Wenn Sie sich bei der Einschätzung des Pferdegewichtes nicht sicher sind, können Sie es nach folgender Formel berechnen:

$$\frac{\text{Brustumfang x Brustumfang x Rumpflänge (in Zentimetern)}}{11.900}$$

Den Brustumfang ermitteln Sie, indem Sie das Maßband dort, wo der Sattelgurt verläuft, einmal rund ums Pferd führen. Die Rumpflänge messen Sie vom Widerrist bis zum Schweifansatz. Das Band muß dabei der Rückenform folgen, darf also nicht gespannt werden.
Durch diese Formel kommen Sie auf das ungefähre Gewicht in Kilogramm. Dann runden Sie auf die vollen 100 Kilo auf, da wahrscheinlich ein bißchen Paste daneben geht. Legen Sie Ihrem Pferd ein Halfter an und binden Sie es gut fest. Holen Sie dann unauffällig die Wurmkur. Entfernen Sie den Stöpsel auf dem Applikator, verbergen Sie die „Spritze" hinter Ihrem Rücken, gehen Sie ruhig und zügig ans Pferd und halten Sie den Kopf am Halfter fest. Dann schieben Sie den Applikator seitlich in den Maulwinkel und drücken, bis Sie die richtige Gewichtsmarkierung auf der Skala erreicht haben. Das Ganze muß in einem schnellen „Angriff" erfolgen, damit sich das Pferd gar nicht erst zur Wehr setzen kann. Bevor es die Wurmkur mit der Zunge wieder herausschieben kann, sollten Sie ihm gleich eine Möhre oder ein Stück Apfel ins Maul schieben. Fertig. Ging doch ganz einfach ...

Fohlen und Jungpferde bis zum Alter von zwei Jahren sollten deshalb alle zwei Monate eine Wurmkur erhalten, erwachsene Tiere sollte man vier- bis fünfmal pro Jahr entwurmen.

Leider entwickeln die verschiedenen Parasiten Resistenzen gegen die meisten Wurmkuren. Deshalb ist es ratsam, nicht immer die gleiche Sorte Wurmkur zu verabreichen. Es würde den Rahmen die-

ses Buches sprengen, die einzelnen Wurmarten im Detail vorzustellen – deswegen hier eine „Kurzversion", mit der Sie auf jeden Fall handlungsfähig sind:
Die meisten Wurmarten werden mit „normalen" Wurmmitteln wie *Banminth, Panacur* oder *Telmin* ausgerottet. Die Medikamente werden als Pulver oder Pasten angeboten, wobei Sie letztere vorziehen sollten, da sie besser dosiert werden können und leichter zu verabreichen sind. Da es bei diesen Wurmkuren zu Resistenzen kommen kann, sollten Sie von Zeit zu Zeit das Mittel wechseln.
Dann gibt es noch die Larven der Dasselfliege, die ausschließlich von dem Wirkstoff Ivermectin vernichtet werden können, der in der Wurmkur *Ivomec* enthalten ist. Dieser Wirkstoff stört die Neurotransmitter der Würmer, macht also deren gesamtes Nervensystem kaputt – und das nicht nur bei den Dasselfliegen, sondern auch bei Spulwürmern, Pfriemenschwänzen, Blutwürmern und was es in einem Pferdedarm sonst noch an Wurmzeug gibt.
Da die Larven der Dasselfliege, die sich im Magen des Pferdes einnisten, nur im Dezember in diesem Stadium sind und nur dann eine Bekämpfung möglich ist, wird die Wurmkur *Ivomec* im Dezember gegeben. Nach drei Wochen wiederholt man die Behandlung, um auch spätere Larven noch zu erwischen. *Ivomec* ist die einzige Wurmkur, von der keine Resistenzenbildung bekannt ist. Sie ist aber gut zehn Mark teurer als andere Wurmkuren und wird deshalb nicht das ganze Jahr über verabreicht. Entgegen einem weitverbreiteten Vorurteil belastet die *Ivomec*-Paste den Organismus des Pferdes nicht stärker als andere Wurmmittel – sie ist nur wirksamer.

So könnte Ihr Wurmkurplan aussehen:

	Anfang Januar	**Mitte April**	**Anfang Juli**	**Ende September**	**Anfang Dezember**
Wurmkur	Ivomec	Wahlweise: Banminth, Panacur, Telmin, Rintal	Wahlweise: Banminth, Panacur, Telmin, Rintal	Wahlweise: Banminth, Panacur, Telmin, Rintal	Ivomec

Hartnäckige Dasselfliege

Die Dasselfliege legt im August ihre Eier im Fell der Pferde ab, vor allem an den Beinen. Die kleinen gelben Eier werden an einzelne Haare geklebt und sind mit Bürsten alleine nicht zu entfernen. Bleiben sie unentdeckt am Pferd kleben, so schlüpfen aus den Eiern Maden, die sich durch die Haut des Pferdes bohren, um sich nach einer Wanderschaft durch das Pferdeinnere als Larven im Magen zu verpuppen. Und erst hier erwischen Sie sie mit einer gezielten Wurmkur zur richtigen Zeit: im Dezember. Die einzige Maßnahme, die Sie gegen die Dasselfliege sonst noch ergreifen können, besteht im Entfernen der Fliegeneier aus dem Fell des Pferdes. Das ist eine ziemliche Fummelei, da die Eier erstklassig haften. Oft bleibt einem nichts anderes übrig, als sie aus dem Fell herauszuschneiden oder große Ei-Ablageflächen abzurasieren. Wer sich die Arbeit machen möchte, die Eier abzusammeln, kann sich diese erleichtern, indem er das Fell im Sommer mit Fellglanzprodukten behandelt. Der Eierkleber haftet darauf nicht so gut, und das Herausbürsten ist einfacher.

Auch wenn Sie die Eier noch so gründlich verfolgt und eliminiert haben: Ein paar kamen sicher durch, und auf die Wurmkur sollten Sie deshalb nicht verzichten.

Wenn Sie *Ivomec* nicht geben wollen (wegen zehn Mark?), dann sollten Sie Ihrem Pferd Mitte Dezember eine „Plus"-Wurmkur verabreichen, etwa *Telmin Plus* oder *Rintal Plus*.

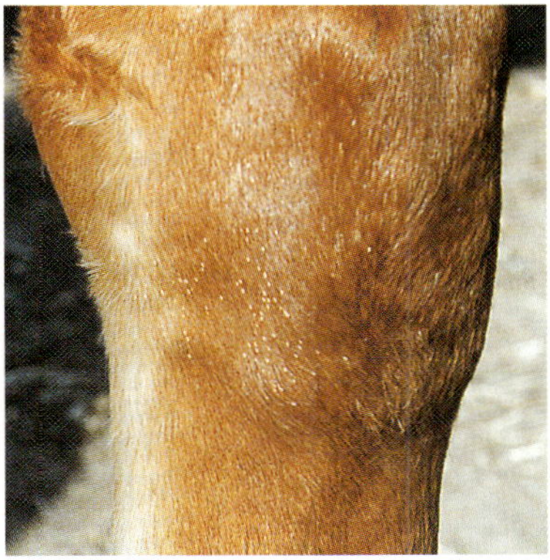

Klein und gemein: Die Eier der Dasselfliege kleben erstklassig. Ausbürsten alleine reicht da nicht aus. Wer im Sommer das Pferdefell mit Mähnen- und Fellglanzprodukten imprägniert, ist schneller mit der Arbeit fertig.

Bandwurm

Gegen den Bandwurm hilft leider keine der genannten Kuren in Normaldosierung. Lassen Sie deshalb bei Verdacht auf Bandwurmbefall, wenn also trotz regelmäßiger herkömmlicher Wurmkuren Wurmbefall-Symptome bestehen bleiben, eine Kotprobe untersuchen. Ist der Befund positiv oder besteht nach wie vor der Verdacht auf Bandwurm, so hilft eine Doppeldosis der Wurmkur *Banminth*. Da Bandwürmer ausgesprochen hart im Nehmen sind, muß die Gabe dieses Mittels gegebenenfalls nach zwei Wochen noch einmal wiederholt werden.

Impfungen

Wie für den Menschen, so gibt es auch für das Pferd verschiedene Impfstoffe, die es vor unterschiedlichen Infektionskrankheiten schützen sollen. Wenn Sie bei Turnieren starten oder Ihr Pferd decken lassen möchten, sind sogar einige Impfungen vorgeschrieben – je nach Verband.

Die häufigste Impfung ist die gegen Pferdeinfluenza, also Grippe. Meist wird dieser Impfstoff in einer Kombination mit dem Tetanusimpfstoff gegeben. Zudem wirkt beispielsweise der Impfstoff *Resequin plus* auch noch gegen Virusabort, ein durch einen Virus hervorgerufenes Verfohlen.

Aufgrund seines breiten Wirkungsspektrums ist *Resequin plus* in der Vollblutzucht schon lange Pflicht, und auch bei den Westernpferden wird meist dieser Impfstoff verlangt. Bei der Meldung zu Turnieren und vor der Bedeckung muß man einen gültigen Impfausweis vorlegen, wobei es natürlich wichtig ist, daß das Pferd „durchgeimpft" ist. Es sind mehrere Impfgänge in kurzen Zeitabständen nötig, bis eine 100prozentige

Impfungen – wann und wie oft?

Die folgenden Angaben sind nur Richtwerte, da die Impfzyklen vom jeweiligen Impfstoff abhängen. Welche Fristen im Einzelfall einzuhalten sind, erfahren Sie von Ihrem Tierarzt.

Influenza und Virusabort: Grundimmunisierung ab dem sechsten Lebensmonat durch zwei Impfungen im Abstand von drei Monaten, danach generell Nachimpfung nach einem Jahr, bei *Resequin plus* nach sechs Monaten.

Tetanus: Grundimmunisierung durch zwei Impfungen im Abstand von vier bis sechs Wochen, danach jährliche Nachimpfungen, mindestens aber alle zwei Jahre.

Tollwut: Jährliche Impfung, keine Grundimmunisierung nötig.

Grundimmunisierung hergestellt ist, die es dann durch rechtzeitige Nachimpfungen zu erhalten gilt. Gute Tierarztpraxen informieren Sie rechtzeitig, wann die nächste Impfung fällig ist, doch Sie sollten diese Termine auch selbst in einem speziellen Impfplan festhalten.

Da sich die Virenstämme ändern können, werden im Laufe der Jahre auch immer wieder andere Impfstoffe angeboten. Das bedeutet, daß Sie sich alle paar Jahre mit Ihrem Tierarzt darüber verständigen sollten, ob der jeweilige Impfstoff aus seiner Sicht noch sinnvoll ist oder nicht.

Die Impfung gegen Tollwut ist nur dann nötig, wenn Sie Ihr Pferd in einem tollwutgefährdeten Bezirk halten. Ist es in einem Stall mit sehr vielen anderen Pferden und mit häufigen Bestandswechseln untergebracht, sollten Sie eine Tollwutimpfung ebenfalls in Betracht ziehen. Wenn nämlich in einem Stall ein Tollwutfall auftritt (der die Tötung des Pferdes nach sich zieht), werden seuchenpolizeiliche Maßnahmen verhängt, von denen geimpfte Pferde weitgehend verschont bleiben.

Erste-Hilfe-Ausrüstung

Es empfiehlt sich, zwischen der Stallapotheke und dem Erste-Hilfe-Set aus dem Putzkoffer zu unterscheiden. Das heißt, daß ein großer, gut sortierter Erste-Hilfe-Schrank für alle Einstaller bereitstehen sollte, während jeder Pferdebesitzer seine eigenen Medikamente für den kleinen Zwischenfall parat haben sollte.

Die Stallapotheke

Im Stall sollten für alle Pferdebesitzer griffbereit liegen:

- eine gute Verbandsschere
- eine große Rolle Mullverband
- eine Rolle medizinisches Klebeband, extra stabil
- ein „Maulkorb“, mit dem das Pferd nicht fressen, wohl aber saufen kann
- eine Dose *Rivanol-Tabletten* (für Aufgüsse)
- eine *Lotagen-Lösung* (zum Verätzen von blutenden Wunden)
- eine Nasenbremse
- eine große Packung Tonerde (für Tonerde-Umschläge bei Insektenbissen, dicken Beinen, Blutergüssen und so weiter)

Kleines Erste-Hilfe-Set

Die kleine Erste-Hilfe-Ausrüstung in Ihrem Putzkoffer sollte folgendes enthalten:

- ein Fieberthermometer
- eine Flasche mit Desinfektionslösung; nehmen Sie nach Möglichkeit ein Pumpspray, da bei den üblichen Spraydosen das Treibgas entweicht, wenn Sie sie beim Sprühen nicht senkrecht halten – und das vergessen Sie sicher, wenn das Pferd an der Fessel oder am Bauch verletzt ist. Es gibt Produkte von verschiedenen Herstellern, erkundigen Sie sich im Reitsportgeschäft oder beim Tierarzt.
- eine Packung *Colosan* von Schaette für die ersten Symptome einer Kolik
- ein Fläschchen *Bachblüten-Rescue*: immer ein paar Tropfen, wenn das Pferd nicht o.k. ist
- eine Tube *Bachblüten-Creme Rescue* für kleine Verletzungen, Abschürfungen und Wundstellen
- zwei Mullbinden
- eine Elastikbinde

Kleine Hufkunde

Eisen schützen die Hufe vor Abnutzung – was oft dazu führt, daß die Hufe zu lang werden. Hier müßte der Schmied dringend an die Arbeit gehen.

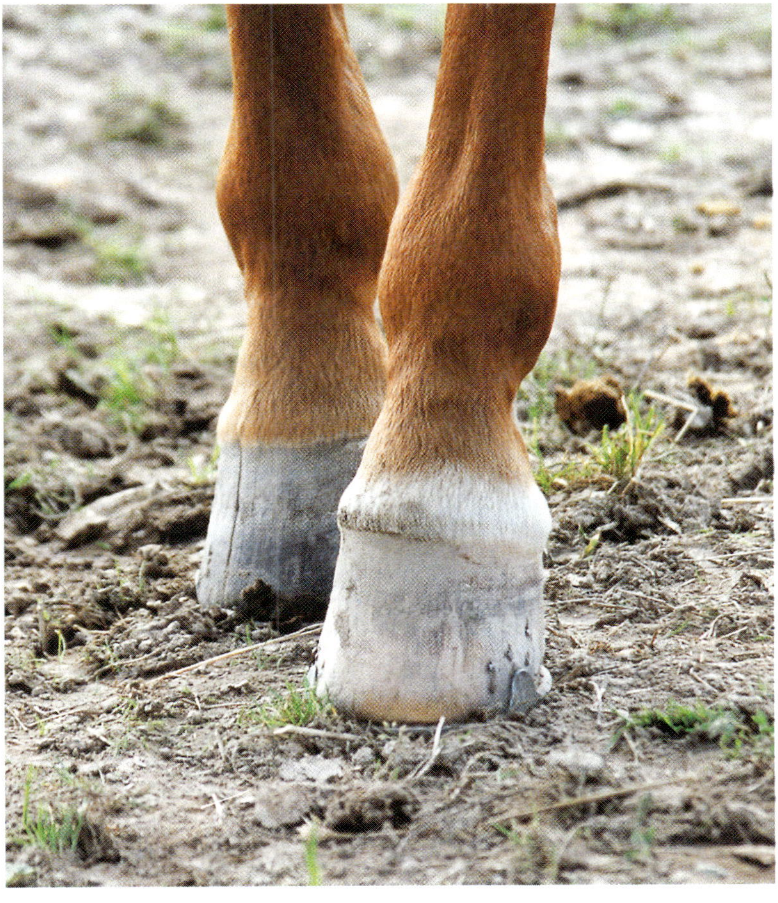

Hufschmied-Ausbildung mit Schattenseiten

Die Crux bei den Hufschmieden ist, daß sie ausbildungstechnisch den Metallern zugeordnet werden. Ein Hufschmied muß also, bevor er sich überhaupt den Pferden zuwenden kann, eine Ausbildung als Schlosser oder (Kunst-)Schmied hinter sich gebracht haben. Danach kann er sich an einigen wenigen Lehrschmieden, wie man die Schmiedeschulen nennt, zum Hufschmied fortbilden. Diese Weiterbildung dauert selten länger als vier Monate. Und die Kritiker sagen, daß das wohl auch der Grund für die vielen schlecht beschlagenen Pferde ist. Seit Jahren ringen die Hufschmiede, die etwas auf sich halten, um eine eigene Ausbildungsordnung und auch um einen Fachverband, der Kommunikation und Weiterbildung, Fachseminare und Erfahrungsaustausch ermöglicht. Doch diese Aktivitäten gehen bislang überwiegend von einem Tierarzt in Dortmund und einigen wenigen erstklassigen Hufschmieden aus. Hoffen wir für unsere Pferde, daß ihre Bemühungen Erfolg haben.

Ein Pferd ist nur so gut wie sein schlechtester Huf. Deshalb müssen Sie die Hufe Ihres Pferdes pflegen, nötigenfalls für richtigen Beschlag sorgen und in der Lage sein, die Arbeit des Hufschmieds oder -pflegers zu beurteilen und gegebenenfalls sachgerecht zu kritisieren.

Der Aufbau des Hufs

Der Huf hat sich in Jahrmillionen aus einer fünffingrigen Hand entwickelt und entspricht dem Mittelfinger. Der Nagel beziehungsweise die Kralle ist zu einer fast völlig geschlossenen Hornkapsel geworden, die das Pferd befähigt, sich auch auf hartem Untergrund schnell in Sicherheit zu bringen. Ein Huf ist ein lebender Organismus. Es handelt sich nicht, wie viele denken, um abgestorbenes Horn, sondern um ein fein ausgeklügeltes System.

Der Strahl, dem häufig so wenig Bedeutung beigemessen wird, hat die Aufgabe, bei jedem Auffußen Blut ins Bein zurückzupumpen. Daher ist es wichtig, den Strahl nicht, wie so oft üblich, auf ein Mindestmaß zurückzuschneiden, sondern ihn so weit stehenzulassen, daß er seine Funktion erfüllen kann.

Die Trachten und die Hufwand sind die Tragsäulen eines Pferdes. Sind sie falsch beschnitten und/

Der Strahl darf nicht zu weit zurückgeschnitten werden.

oder falsch beschlagen, so büßt der Huf seine Tragkraft ein, und das Pferd geht klamm oder sogar lahm. Grundsätzlich gilt, daß ein Pferd auch unter dem Reiter ohne Eisen laufen kann – selbst wenn das für viele kaum zu glauben ist. Auch ein erwachsenes Pferd kann also barfuß gehen, vorausgesetzt, der Huf nutzt sich durch das Gehen auf hartem Untergrund über lange Strecken nicht zu sehr ab. Ist das der Fall, dann muß das Eisen als Schutz her – oder man schränkt die Belastung ein, indem man weniger reitet, auf dem weichen Hallen- oder Reitplatzboden bleibt oder im Gelände überwiegend Graswege benutzt. Sicher wäre das der bessere Weg, doch hier beginnt sich die Schere zwischen „Freund Pferd" und „Nutztier Pferd" zu öffnen. Welche Entscheidung Sie für sich und Ihr Pferd treffen, hängt von Ihrer persönlichen Einstellung ab. Eines ist aber sicher: Pferde, die an

Biotin für bessere Hufe

Biotin ist ein körpereigener Stoff, der mit der Nahrung zusätzlich zugeführt werden kann. Er fördert das Längenwachstum des Hufes. Ermüdetes Hufmaterial wird dadurch schneller ersetzt, und das Hufhorn wird elastischer. Weder das Hufhorn selbst noch die Elastizität werden also durch Biotin besser, nur der Erneuerungsprozeß wird beschleunigt. Das ist auch der Grund dafür, daß Sie auf die Wirkung einer vermehrten Zufütterung von Biotin rund ein halbes Jahr warten müssen.
Biotin ist teuer. Deswegen ist es wichtig, beim Kauf eines solchen Produktes auf die Menge und die Qualität des darin enthaltenen Biotins zu achten. Vergleichen Sie die ausgewiesenen Milligramm-Mengen pro 100 Gramm Produkt, dann wissen Sie genau, wo das meiste Biotin enthalten ist. Ist der Biotinanteil gar nicht aufgeführt, so können Sie getrost vom Kauf dieses „Biotin-Präparates" absehen.

das Laufen ohne Eisen gewöhnt sind, kommen bei regelmäßiger Pflege, die wohl etwas aufwendiger ist als beim „Eisenpferd", gut über die Runden. Die meisten Hufprobleme bleiben ihnen erspart – vor allem der spröde Huf, der ausbricht. Ein Huf wird nämlich in allererster Linie durch den Beschlag trocken: Das Eisen reduziert die notwendige Elastizität, und der Hufmechanismus kommt zum Erlahmen. Blut und Sauerstoff werden nicht im erforderlichen Maße in die „lebenden" Teile der Hufkonstruktion gepumpt, und das Gewebe beginnt vorzeitig abzusterben. Beim Hufhorn zeigt sich das durch Spröde und Rissigkeit, im Hufinneren kommt es zu Problemen wie der Verknöcherung des Hufknorpels, meist verbunden mit Trachtenzwang in mehr oder minder starker Ausprägung – und schon haben Sie zwei häufig vorkommende Hufprobleme.

Manchmal ist es aus Nutzenaspekten erforderlich, in den natürlichen Mechanismus einzugreifen und zu beschlagen – beispielsweise bei Gangpferden, bei Fahr- und Distanzpferden sowie bei Westernpferden, die Sliding-Eisen benötigen. Achten Sie, wenn's denn sein muß, auf „Schadenbegrenzung": Der Schmied sollte dünne Nägel verwenden, vielleicht nur sechs statt acht pro Huf, leichte Eisen statt schwerer und eine weite Stellung statt einer engen. So wird Ihr

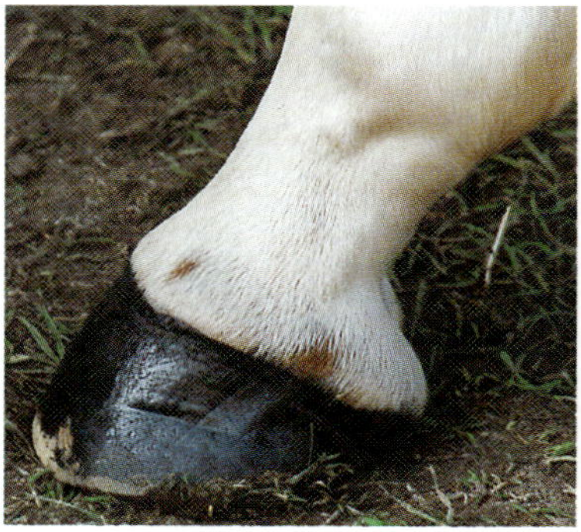

Der lackierte Huf eines Showpferdes – ein weiteres Beispiel dafür, wie wir Tiere vermenschlichen.

Pferd vielleicht öfter als andere ein Eisen verlieren, aber Eisen, die bombenfest haften, sind ein Armutszeugnis für den Schmied: Sie sind oft zu eng und mit zu vielen Nägeln befestigt. Es lohnt sich auch, neue Entwicklungen wie etwa den hochwertigen Kunststoffbeschlag zu verfolgen. Eine umfassende Darstellung würde den Rahmen dieses Buches sprengen, aber in Pferdezeitschriften, die sich in erster Linie für artgerechte Haltung stark machen, werden Sie weiterführende Informationen finden. Es gibt inzwischen auch eine ganze Reihe von Büchern, Lehrvideos und Hufkursen, so daß Sie sicherlich Möglichkeiten finden werden, sich das notwendige Fachwissen anzueignen.

Hufschuhe, die als Alternative zum Beschlag angeboten werden, bringen nach wie vor erhebliche Probleme mit sich – einerseits bezüg-

Die Hufe Ihres Pferdes

Auch wenn Sie noch nicht in die Tiefen der Hufkunde einsteigen, sollten Sie die folgenden Punkte rund um den Huf Ihres Pferdes beachten – gleichgültig, ob es beschlagen wird oder nicht:

Die Stellung: Sie ist ideal, wenn die Zehenlinie, die Fessellinie und die Trachtenlinie, von der Seite betrachtet, parallel zueinander verlaufen. Wenn der Huf gerade auf ebenem Untergrund steht, sollten sie einen Winkel von 45° beschreiben. Von vorne gesehen, sollte die „Halbierungslinie" senkrecht und mittig verlaufen – dann steht das Pferd richtig.

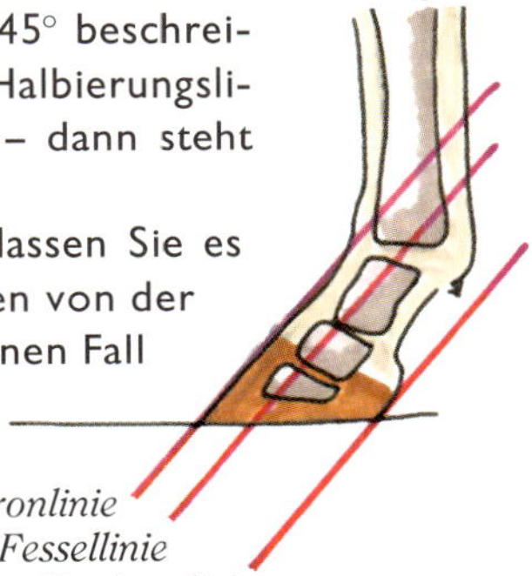

Steht Ihr Pferd steiler oder flacher, lassen Sie es korrigieren. Bei starken Abweichungen von der Ideallinie sollten Sie allerdings auf keinen Fall alles in einem Rutsch erledigen. Die Korrektur sollte sich über mehrere Hufschmied-Behandlungen erstrecken – andernfalls bekommt das Pferd durch die plötzlich stark veränderte Stellung Probleme mit Sehnen und Bändern.

Das Fetten eines Pferdehufes ist nicht nur aufwendig, sondern auch ziemlich unsinnig. Kein Fett der Welt ist in der Lage, dem Huf die Feuchtigkeit und Elastizität wiederzugeben, die ihm durch die mit Beschlag erzwungene Starrheit – und das damit verbundene Unterdrücken des Huflebens – genommen wird. Es gibt einige wenige Hufbalsame, die die Hornzellen dazu bringen, mehr Wassermoleküle zu binden, und in sehr trockenen Sommern unterstützen Sie damit die Elastizität des Hufes – Sie können dadurch aber nicht die Konsequenzen des Beschlags ausgleichen.

Gönnen Sie den Hufen Ihres Pferdes Feuchtigkeit: Duschen Sie die Hufe ab und sorgen Sie für Weidegang in taunassen Wiesen. Lassen Sie Ihr Pferd nicht im Mist oder auf sogenannten Matratzen stehen, denn diese Feuchtigkeit ist mit so vielen Bakterien durchsetzt, daß es sich höchstens noch Strahlfäule einfängt.

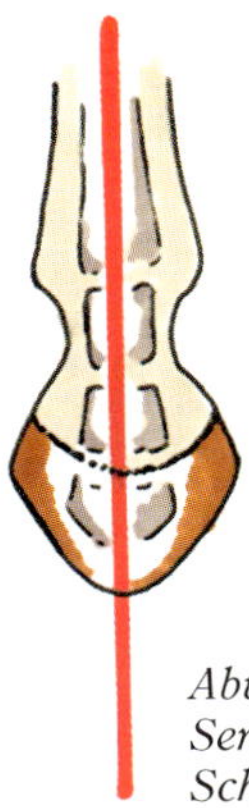

Abweichungen von der Senkrechten muß der Schmied korrigieren.

Eine Hufdusche reinigt und pflegt. Noch besser ist es, Pferde im taunassen Gras weiden zu lassen.

lich der Paßform, andererseits was die Haftung angeht, wenn das Gelände matschig ist. Auch das Anziehen – mit Problemen wie Schmutz und Scheuerstellen – ist nicht ohne. Mitunter sind Hufschuhe aber aus medizinischer Sicht nötig.

Tägliche Hufpflege

Machen Sie sich die Pflege der Hufe zur täglichen Pflicht. Mit Ausräumen alleine ist es nicht getan. Kontrollieren Sie den Sitz der Eisen, wenn Ihr Pferd welche trägt, und raspeln Sie bei Barfußpferden Unebenheiten ab. Spritzen Sie die Beine nach der Arbeit mit dem Schlauch ab, duschen Sie auch das Innere des Hufes ab und sehen Sie nach, ob Ihr Pferd sich einen Fremdkörper eingetreten hat.

Benutzen Sie nach Möglichkeit nicht ausschließlich einen Hufkratzer mit Metallspitze, da Sie mit jedem Mal Auskratzen ein bißchen Hufhorn abtragen. Dadurch entstehen links und rechts vom Strahl tiefe Furchen, die sich vermeiden ließen, wenn die Besitzer nur den harten Schmutz mit der Metallspitze herauskratzen und ansonsten einen Plastikhufkratzer verwenden würden.

Schrubben Sie nicht aus Lust am sauberen Pferd seine Hufwände, denn sie sind mit einer schützenden Glasurschicht überzogen, die Sie durch tägliches Bürsten entfernen würden. Hindern Sie auch Ihren Hufschmied daran, auf der Glasurschicht herumzuraspeln.

Wenn Sie Ihr Pferd von der Weide in die Box holen, ist es nicht unbedingt sinnvoll, Erde und Lehm herauszukratzen. Denn sie sind ein natürlicher Schutz gegen die eigentlichen Feinde des Pferdehufes: Mist und Urin.

Verschiedene Hufkratzer-Modelle

Wenn Sie Ihr Pferd mobil machen ...

Kaum zu glauben: Das ist ein Böckmann-Anhänger – wenngleich aus den 60er Jahren. Angesichts der heutigen, ausgeklügelten Flotte dieses Herstellers sieht man einmal mehr, wie rasant sich der Reitsport und die zugehörige Industrie entwickelt haben.

Über kurz oder lang stellt sich den meisten Reitern die Frage nach einem Pferdeanhänger – vor allem dann, wenn sie an Kursen, Wanderritten oder Turnieren teilnehmen wollen. Die Auswahl an neuen Anhängern ist riesig, und je besser die Ausstattung, um so höher der

Preis. Gerade wenn Sie mit Ihrem Pferd wenig fahren, müssen Sie einen guten, stabilen und vernünftigen Anhänger haben. Denn je weniger Routine ein Pferd beim Transport hat, um so höher sind seine Anforderungen an Licht, Raum und subjektive Sicherheit. Ihr Pferd kriecht natürlich nicht vorsorglich unter den Anhänger, um die Bremsen zu prüfen, sondern es reicht ihm, sich sicher zu fühlen. Das erreichen Sie zum einen durch einen geräuscharmen, zugfreien, stabilen Innenraum und zum anderen durch eine stets moderate Fahrweise von der Sorte „rohe Eier". Wenn das Pferd aufgrund seiner mangelnden Transportpraxis dazu neigt, unruhig zu stehen und herumzutreten, ist die Verletzungsgefahr größer. Das beginnt schon beim Verladen: Pferde, die dabei Widerstand leisten, können sich an scharfen Kanten und hervorstehenden Metallteilen verletzen. Ein Pferd mit entsprechender Routine tappelt angesichts einer offenen Verladerampe einfach so hinauf – und ist keinerlei Risiko ausgesetzt, selbst wenn der Anhänger nicht gerade ein Topmodell ist. Die Meinung, man brauche keinen guten Anhänger, weil man sowieso wenig fahre, ist also grundverkehrt.

Sie müssen derzeit für einen guten neuen Anhänger mit Holzaufbau und Polyhaube zwischen 8.000 und 12.000 DM ausgeben. Billigere neue Anhänger sind leider auch billig zusammengeschraubt, und das merken Sie und Ihr Pferd an allen Ecken und Enden: Der Gummiboden ist lappig und wirft bei Gebrauch Blasen, an den Türen regnet's nach kurzer Zeit rein, die Rampe hat keinen rutschfesten Belag, die Achsenkonstruktion ist gewagt, und die Stoßdämpfer fehlen. Die Reifen sind runderneuert, die verwendeten Kunststoffe nicht UV-beständig, und da gewichtsparende Umkantungen von Stahlteilen

Richtige Reihenfolge beim Verladen

Wird das Pferd verladen und steht auf dem Anhänger, muß erst die Heckstange vorgelegt werden, bevor man das Pferd anbindet. Pferde, die es sich anders überlegen und doch noch versuchen, wieder hinauszustürmen, hängen sich andernfalls regelrecht auf, wenn sie zwar angebunden sind, mit dem Hinterteil aber doch hinauskönnen. Also: erst Stange vorlegen, dann anbinden. Beim Ausladen geht es genau andersherum: erst losbinden, dann Stange öffnen.

Anti-Schlinger-Systeme

Haben Sie günstig einen gebrauchten Anhänger erwerben können, der noch gut zum Transport von Pferden geeignet ist, dann ist das vielleicht ein Modell mit einer „Rohrdeichsel“. In diesem Fall sollten Sie unbedingt Geld in eine Anti-Schlinger-Einrichtung investieren. Anhänger bergen das gefürchtete Risiko, sich „aufzuschaukeln“, also bei der Fahrt ins Pendeln zu geraten und mit jeder Pendelbewegung mehr von der eigentlichen Laufrichtung abzuweichen. Ein solches Gespann wieder ruhig zu bekommen, gelingt nur geübten Fahrern mit eisernen Nerven – und einer guten Portion Glück. Ansonsten endet man in der Leitplanke, weil der Anhänger schließlich das Zugfahrzeug herumreißt und aus der Bahn bringt. Dieses Phänomen ist bei Wohnanhängern bestens bekannt, und in dieser Ecke findet man auch Anbieter von nachträglich einzubauenden Konstruktionen, die dieses Aufschaukeln selbst bei extremem Seitenwind und massiven Fahrfehlern verhindern. Bei V-Deichseln besteht dieses Risiko zwar auch noch, ist aber schon erheblich gemindert.

Foto: AL-KO

Diese Einrichtung, die bei jedem Anhänger montiert werden kann, vermindert die Gefahr des Aufschaukelns um bis zu 80%. Eine Investition, die sich lohnt.

durch billigeres Massivmetall ersetzt wurden, ist ein solcher Anhänger auch noch um einiges schwerer als ein vergleichbarer Markenanhänger.

Wenn Sie also einen Anhänger erwerben wollen, kaufen Sie einen guten! Sie und Ihr Pferd werden damit sicherer über die Straßen kommen, und Sie haben lange einen Gegenwert für das investierte Geld. Das gleiche gilt für den Erwerb eines Gebrauchten. Es ist allerdings nicht sinnvoll, einen Anhänger zu kaufen, der mehr als circa sechs Jahre alt ist. Da ein Kilometerzähler fehlt, haben Sie keine Anhaltspunkte dafür, wieviel der Anhänger bewegt worden ist und wie stark die Materialermüdung durch Wind, Wetter und Verwindungen beim Transport ist.

Also: beim Anhängerkauf kein Risiko eingehen und für gutes Geld nach Möglichkeit nur gute Ware erwerben. Gute Gebrauchte gibt es in aller Regel nur unter der Hand, wenn Sie zufällig erfahren, daß ein Bekannter seinen alten Anhänger hergibt oder wenn eine Fachwerkstatt Gebrauchte mit Garantie anbietet. Kaufen Sie aus privater Hand oder fehlt die Garantie, so ist es ratsam, erst in eine gute Fachwerkstatt zu fahren und dort ein Wertgutachten einzuholen. Viele scheuen sich vor so einem Gutachten, weil sie denken, daß das „Schnäppchen“ dann teurer wird. De facto ist es aber so, daß die meisten Verkäufer völlig überzogene Vorstellungen haben, was das alte Ding noch wert ist. Kommen die Kosten für die Erneuerung der Bremsbeläge und der Bremsseile, für neue Reifen, eine partielle Bodenerneuerung, neue Türdichtungen und so weiter dazu, erweisen sich die meisten alten Anhänger als sehr teuer.

Das neue Pferd – ein Verlademuffel?

Es gibt viele Pferde, die sich nicht verladen lassen. Der Grund liegt oft nur darin, daß das Pferd – auch mangels Erfahrung mit Anhängern – nicht einsieht, warum es in solch eine Schachtel klettern soll. Aus der Sicht des Pferdes eine verständliche Einstellung. In der Vergangenheit ist es ihm womöglich auch schon einige Male geglückt, das Verladenwerden zu boykottieren, und viele Pferde haben eine ganze Palette von Tricks entwickelt, um den Anhänger nicht zu betreten.

Es ist deshalb wichtig, das Pferd nicht nur „irgendwie“ auf den Hänger zu kriegen, sondern ihm im Verlauf dieser Prozedur klarzumachen, daß es vernünftiger ist, auf den Anhänger zu gehen, als bockig unten stehenzubleiben. Sie meinen, das ginge nicht? Aber auf genau dieser Erkenntnis basiert jede Form von Dressur und auch von Korrektur: Das Pferd lernt, daß es angenehmer ist, die Dinge zu tun, die man von ihm verlangt.

Dazu gehören zwei Komponenten: Die eine besteht darin, es dem Pferd in seiner Situation ungemütlich zu machen und nur einen einzigen Ausweg zuzulassen, der „zufällig“ das Trainingsziel ist: auf den Anhänger zu gehen. Dazu muß es (Komponente zwei) immer dann gelobt und in Ruhe gelassen werden, wenn es auf dem richtigen Weg ist.

Da Pferde Köpfchen und Kraft haben, müssen Sie sich zur Korrektur rüsten. Dazu gehören: eine Longe, die möglichst zehn oder mehr Meter lang ist, eine Gerte mit einer Länge von einem Meter, die bis zur Spitze starr ist und einen „Pinsel“ hat, stabile Handschuhe, die auch vernünftig passen, ein stabiles Stallhalfter und ein Anhänger auf rutschfestem Untergrund (Sand oder Naturboden, kein Kies, kein Asphalt, kein Pflaster). Ihr Pferd sollte die Kommandos für das Anhalten und das Rückwärtsrichten kennen und befolgen und auch schon Erfahrung mit Bodenarbeit haben.

Das Verladetraining: Sie stellen Ihr Pferd, eventuell mit Transportgamaschen geschützt, vor den geöffneten Anhänger und führen die Longe, die am Halfter befestigt ist, über die vordere Boxenstange im Anhänger und wieder zurück in Ihre Hand. Sie halten also das andere Ende, während Sie außerhalb des Hängers an der Rampe stehen. Ihr Pferd steht davor. Im Idealfall macht es einen langen Hals, um die Rampe zu beschnuppern. Steht es nur so da, tippen Sie es mit der Gerte an der Kruppe an, damit es vortritt. Es gibt nur vier Möglichkeiten: Das Pferd bleibt stur stehen, es zieht rückwärts, es versucht, an der Seite vorbeizustürmen und Sie abzudrängen – oder es geht auf den Anhänger.

Bleibt es bockig stehen, touchieren Sie weiter mit der Gerte seine Kruppe und den Schweif – unermüdlich, aber nicht fest. Nur ungemütlich soll es sein. Geht es rückwärts, halten Sie die Longe fest und schreien Sie: „Nein!“ Dank Seilzugeffekt via Frontstange können Sie das Pferd sicher halten, wenn Sie Ihre Kraft komplett einsetzen – es sei denn, Sie haben so einen dicken Fisch an der Angel wie das Pferd auf den Fotos.

Will das Pferd Sie umrennen, müssen Sie sich nach Leibeskräften mit Gerteneinsatz und Gebrüll wehren, damit es das nicht noch ein zweites Mal versucht. Will es an der Seite vorbei, klopfen Sie mit der Gerte an seine Brust, damit es zurück vor die offene Heckklappe geht. Auf der anderen Seite muß auch ein Helfer parat stehen, der es mit dem Kommando „Zurück“ und Touchieren der Brust ebenfalls wieder vor die Rampe bringt, wenn es dort vorbei möchte. Auch er darf sich nicht umrennen lassen. Irgendwann erkennt das Pferd, daß es wirklich nur dann dem unangenehmen, störenden (aber nicht schmerzenden!) Gefissel an seinem Hinterteil entgeht, wenn es vorwärts geht. Dann hat es nämlich sofort Ruhe und wird gelobt. „Fein, brav“, und die Gertenarbeit geht erst weiter, wenn es zu erkennen gibt, daß es nicht mehr aktiv mitarbeitet. Denken Sie daran: Es ist für Pferde unheimlich, so eingesperrt zu sein wie in einem Anhänger. Ihr Pferd muß seine Angst vor der Enge und dem Unbekannten überwinden, und dabei können Sie ihm helfen, indem Sie es beruhigen und ihm gut zureden. Es passiert ihm ja nichts. Solange es Angst hat, überlegt und mit seinem inneren Schweinehund

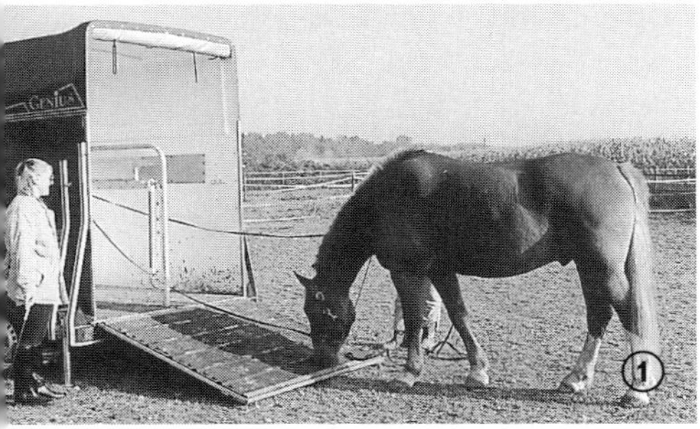

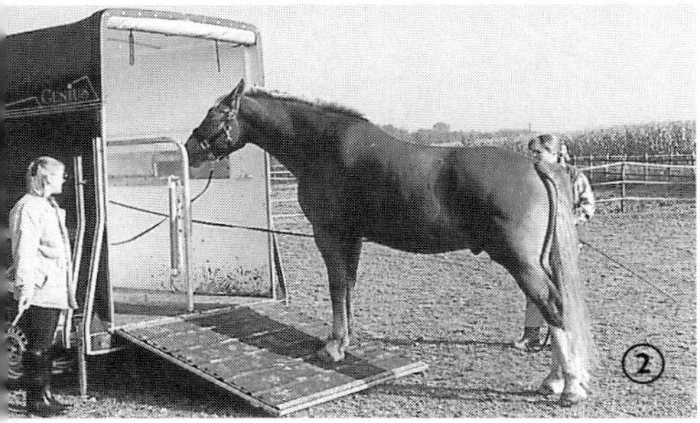

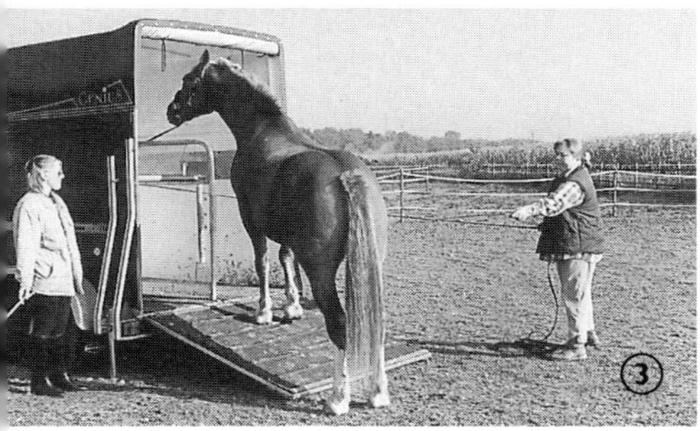

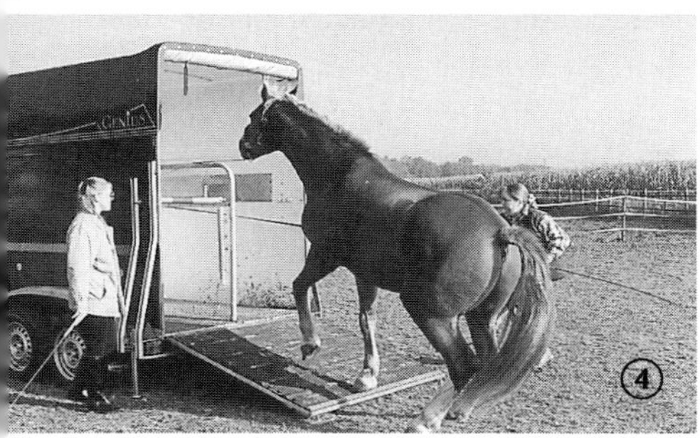

1. Anbinden und das Pferd dazu ermutigen, sich den bedrohlichen Käfig genauer anzusehen. „Hm, riecht ja gar nicht so übel!“

2. „Aber neee, rein will ich doch nicht!“ Das Pferd benötigt Zeit zum Überlegen, Zeit, um gegen den inneren Schweinehund anzukämpfen.

3. Die Gerte sorgt für Druck: „Draußen“ ist es ziemlich ungemütlich ...

4. „Bloß weg hier!“ Aber durch den Seilzugeffekt gelingt es, selbst diesen Brocken zu halten.

5. „Ich will aber nicht!“

6. „Na ja, wenn du meinst. Draußen ist es blöd. Jetzt guck’ ich mir das Ding eben doch mal näher an.“ Und schon hört schlagartig der Druck auf. Das Pferd wird gelobt: Es ist auf dem richtigen Weg.

7. Na also!

8. Wenn das Pferd im Hänger ist, sollte man auch einmal probeweise die Heckstange einhängen. Die seitlichen Heckstützen verhindern übrigens zum einen das „Nicken“ beim Betreten des Anhängers und ermöglichen es zudem, den Anhänger ohne Zugfahrzeug von einem Pferd betreten zu lassen. Praktisch ist das vor allem dann, wenn man den Anhänger als mobile Weidehütte oder als Freßständer für zwei Pferde nutzen möchte.

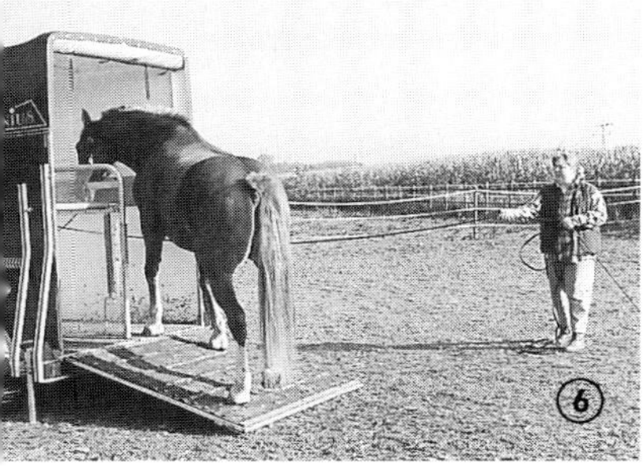

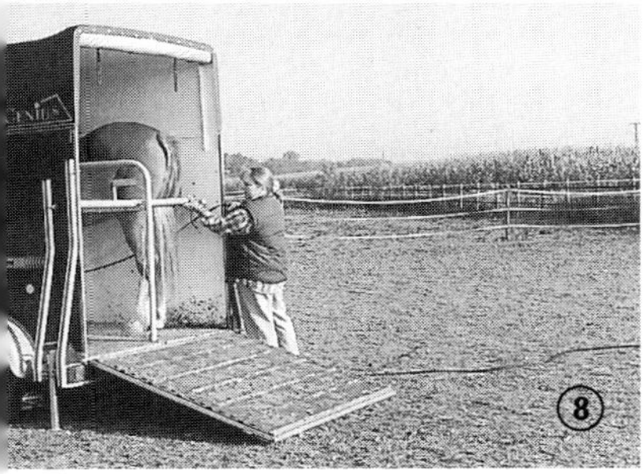

kämpft, dürfen Sie unter gar keinen Umständen Druck ausüben. Dennoch: Es darf nicht zurück, es darf nicht seitwärts. Nur vorwärts. Ist es das erste Mal bis zu den Schultern im Anhänger, richten Sie es mit dem Kommando, das Sie für das Rückwärtsrichten an der Hand verwenden, zurück, bis es wieder mit allen vier Beinen vor der Rampe steht. Dadurch lernt das Pferd, daß es aus dem Anhänger nur herauskommt, wenn es rückwärts geht. Lassen Sie es jetzt nicht zu lange stehen, sondern geben Sie, wenn es kurz und ohne sich aufzuregen vor der Rampe gestanden hat, wieder das Kommando zum Antreten. Sie werden merken, daß das jetzt schon viel einfacher ist. Der eigentliche Engpaß kommt, wenn das Pferd von der Rampe aus erstmals mit der Vorderhand in den Anhänger gehen soll. Die meisten Pferde machen einen regelrechten Katzenbuckel, um zu verhindern, daß sie da mit den Vorderbeinen hineinmüssen. Ist dieser innere Kampf gewonnen, geht der Rest meist wie von selbst. Seien Sie aber immer darauf gefaßt, daß das Pferd sein Vertrauen urplötzlich aufgibt und rückwärts stürmt. Ist es mit dem Kopf schon im Anhänger und zieht nun nach hinten, halten Sie erst gegen, wenn es mit seinem Kopf im Freien ist. Würden Sie es vorher festhalten, so könnte es sich den Kopf anstoßen – und wäre anschließend

noch schwerer zu korrigieren. Ist das Pferd endlich im Anhänger und steht es da einigermaßen ruhig, dann bekommt es von dem Helfer einige Leckerchen oder eine Möhre zur Belohnung.
Wenn Sie es dann wieder ausladen, passen Sie um Himmels willen auf, daß es Ihnen nicht seitlich von der Rampe fällt. Dazu nicht permanent mit der Hand drücken (das erzeugt nur Gegendruck vom Pferd), sondern mit zwei, drei Fingern ein bißchen in die Seite pieken, damit es diesem Druck weicht. Laden Sie es danach noch einmal ein und machen Sie für diesen Tag Schluß.
Noch einmal in Kurzform: Das Pferd darf nicht nach links, nicht nach rechts und nicht zurück. Nur vorwärts. Hat es Angst, wird es beruhigt. Wenn es vorwärts geht: loben, loben, loben! Bleibt es stehen, so darf es überlegen. Fängt es an, sich zu langweilen oder beginnt es, Sie zu veräppeln, bekommt es unangenehmen, permanenten Druck, der aber nicht schmerzhaft ist.
Das Pferd lernt dadurch: Ich muß mein Herrchen/Frauchen respektieren. Auf dem Anhänger und auf dem Weg dahin werde ich gelobt und habe meine Ruhe, und oben angekommen gibt's auch noch Leckerchen. Außerhalb des Anhängers ist es ungemütlich und fies. Deswegen gehe ich doch lieber gleich auf den Anhänger. Ist ja viel angenehmer.
Ich habe noch kein Pferd erlebt, das nach dieser Methode länger als eine Stunde gebraucht hat, bis es auf dem Hänger stand. Das ist eigentlich nicht viel – wenn Sie keine Zeit mitbringen, ist es aber zuviel. Und wenn andere Leute aus dem Stall zusehen, ist es sogar viel zuviel. Gehen Sie dagegen gelassen und vergnügt ans Werk, ganz ohne Druck durch Zuschauer (die es ja auch so gerne mal probieren würden!), vielleicht an einem Sonntagmorgen, an dem vor elf Uhr eh keiner im Stall vorbeischaut, dann müßte es an ein Wunder grenzen, wenn Sie es nicht schaffen würden.
Trauen Sie sich eine solche Korrektur nicht selbst zu – vielleicht, weil Ihr Pferd ein dicker Brummer ist und Sie nicht viel Kraft dagegenzusetzen haben –, dann engagieren Sie einen guten Profi, der Ihrem Pferd die Scheu vor dem Anhänger nimmt. Auf keinen Fall sollten Sie andere Reiterkollegen, womöglich einen nach dem anderen, probieren lassen. Dadurch lernt Ihr Pferd vor allen Dingen, daß es gar nicht schwer ist, Menschen auszutricksen.

Auf der Suche nach dem Kinderpferd

Die Kinder werden größer, die Ponys leider nicht. Gerade ein Pferd, das man jahrzehntelang besitzen kann, sollten Sie „auf Zuwachs" kaufen.

Lassen Sie mich noch eine besondere Variante des Pferdekaufs ansprechen: den Kauf eines „Kinderpferdes“. So manche Frau, die Pferde liebt, träumt davon, später mit den eigenen Kindern durch Wälder und Felder zu reiten, und mancher Opa überlegt fieberhaft, wie er seinen Enkeln zu einem Pony verhelfen kann.
Das wichtigste wird dabei oft übersehen: Es gibt eine Menge von Kindern, die sich kein Pony wünschen. Die Pferde beängstigend und alles andere als niedlich finden.

Echtes Interesse an Pferden?

Ihr Kind sollte vor der Anschaffung eines Pferdes schon so viel Reitunterricht bekommen haben, daß man erkennen kann, ob da Begeisterung erwacht ist – und wenn ja, ob die wohl auch für die nächsten Jahre ausreicht. Das Alter spielt hier eine ganz entscheidende Rolle. Kinder unter zehn Jahren sind nur in Ausnahmefällen in der Lage, ein Pony alleine zu putzen, zu satteln und zu versorgen. Das bedeutet, daß Sie die gesamte Mehrarbeit alleine machen müssen. Das gilt vor allen Dingen für private Pferdehalter, die jeden Pferdeapfel selbst wegfegen und auf den Mist bringen müssen. Das Verantwortungsgefühl ist bei kleinen Kindern einfach noch nicht so ausgeprägt, daß sie in der Lage wären, selbständig an das Füttern, Tränken und die anderen Bedürfnisse eines Pferdes zu denken. Denn auch das kleinste Pony unterscheidet sich in seinen Ansprüchen nicht von einem Großpferd. Die Anzahl der Äppelhaufen übrigens leider auch nicht: Die sind nur geringfügig leichter.
Mit zehn, elf Jahren können Kinder schon Verantwortung für ein Pferd übernehmen – unter Aufsicht, versteht sich. Und mit jedem Jahr wächst das Verständnis und die Umsicht. Bei Mädchen wie bei Jungs kommt es dann im Alter von etwa 15 Jahren zur Entscheidung: Sind das andere Geschlecht, die Diskos, die Probleme mit Pubertät und Schule wichtiger, oder bleibt das Pferd die Nummer eins? Wenn letzteres der Fall ist: Glück gehabt. Wenn nicht: Pony for sale!
Jugendliche, die mit 14 oder 15 Jahren mit dem Reiten aufhören, finden meist erst nach der Berufsausbildung zum Pferd zurück. Bei engagierten Mädchen kommt es mitunter erst mit Beginn der Lehre oder des Studiums zum ersten Bruch. Dann steht in der Zeitung eben: „Wegen Studiums abzugeben ...“
Sie sollten deshalb nur dann ein eigenes Pony oder Pferd für Ihr Kind kaufen, wenn Sie sich Ihrer Sache sehr sicher sind oder wenn das Kind schon über Jahre bewiesen hat, daß es in der Lage ist, die

damit verbundene Verantwortung zu tragen: auch bei Wind und Regen, in den Ferien und am Weihnachtsabend. Das finden Sie hart? Viel härter ist das, was unzähligen Ponys mit Kindern passiert. Und das sollten Sie einem so liebenswerten Tier nach Möglichkeit ersparen.

Die richtige Größe

Falle Nummer zwei ist die Größe des Pferdchens. Ein Pony, auf dem eine Neunjährige ganz niedlich aussieht, kann das Kind mit 14 vielleicht nicht mehr reiten. Die Beine reichen fast zum Boden, und für einen vierbeinigen Zwerg könnte Ihr Kind einfach zu schwer geworden sein. Hinzu kommt, daß gerade Shettys und kleine Welshponys häufig intelligente ... Mistviecher sind, denen ein Kind nur schwer beikommt. Sie können sich aber kaum zur Korrektur auf ein 120 Zentimeter kleines Pferd setzen – das wäre Tierquälerei. Dies ist einer der Hauptgründe dafür, daß so viele kleine Pferde nutzlos auf der Wiese stehen: Sie haben rechtzeitig ihren „Lästigkeitsfaktor“ erhöht, wurden als Gefahr für das Kind eingestuft und gingen deshalb weit vor ihrer Zeit in Pension.

Ein Pferd für ein Kind sollte deshalb nach Möglichkeit auf „Zuwachs“ gekauft werden. Isländer sind dafür geradezu ideal, ebenso Quarter Horses, Norweger, Welsh-Cobs und Haflinger. Doch gerade die kleinwüchsigeren, überwiegend „robusten“ Rassen sind auch in ihrem Naturell robust. Mit allen positiven wie negativen Attributen. Mit Ausnahme der Quarter Horses zeichnen sich die oben genannten Rassen nämlich durch einen ganz ausgeprägten Dickschädel aus, für den so mancher Erwachsene seine gesamte Reitkunst aufbieten muß, um ein zuverlässiges und einigermaßen gehorsames Pferd zu bekommen. Kinder sind damit oft hoffnungslos überfordert. Araber und Deutsche Reitponys sind für Kinder meist zu nervig, sie eignen sich mehr für wirklich ambitionierte junge Reiter, wobei auch hier die Gefahr besteht, daß die Kinder über das Kaliber der Pferde hinauswachsen.

Bedenken Sie bei der Auswahl des Pferdes, daß Sie immer in der Lage sein sollten, es zu reiten – sei es, um es notfalls zu korrigieren oder auch nur, um Phasen der Lustlosigkeit zusammen mit einer geeigneten Reitbeteiligung überwinden zu können.

Bevor Sie also einen niedlichen Rasenmäher für Ihr Kind erwerben oder zulassen, daß ein Pony für das Kind gekauft wird, sollten Sie sich Ihre Tochter oder Ihren Sohn sehr kritisch angesehen haben. Kaufen Sie dann nur ein Pferd, das

Keine billige Angelegenheit

Es ist illusorisch zu glauben, ein Pony wäre im Unterhalt wesentlich billiger als ein Großpferd. Es benötigt Unterkunft und Futter, Wurmkur und Hufschmied, Tierarzt und Ausrüstung wie jedes andere Pferd auch. Kaum denkbar, daß der Unterricht, den ein Kind nehmen sollte, dadurch billiger wird, daß das Pferd kleiner ist. Gehen Sie also getrost von den gleichen Kosten wie bei einem Großpferd aus, und wenn Sie tatsächlich ein paar Mark einsparen, gibt Ihr Kind die mit Sicherheit für Leckerwürfel, Möhren und ähnliches wieder aus. Der Wirtschaftskreislauf muß schließlich lebendig gehalten werden. Wir Reiter und Pferdebesitzer leisten dazu einen ganz entscheidenden Beitrag.

Ihr Kind selbst probegeritten hat. Wenn Sie mit einem Pferd klarkommen, heißt das noch lange nicht, daß auch Ihr Kind Spaß daran hat. Setzen Sie sich Ihrem Kind gegenüber aber unbedingt durch, wenn es sich in ein Pferdchen verguckt, gegen das Sie Bedenken haben – sei es, weil es zu stürmisch oder tückisch oder einfach zu klein ist. Kinder neigen dazu, sich sehr schnell in Pferde zu verlieben – doch oft stirbt die Liebe sofort ab, wenn es Probleme gibt. Kaufen Sie deshalb besser ein Pferd, bei dem Probleme weitgehend ausgeschlossen sind. Die Liebe kommt dann von allein.

Adressen

Unter dem Dach der nationalen Verbände finden Sie fast alle Reitweisen beziehungsweise können dort zumindest die jeweiligen Adressen erfragen.

Deutsche Reiterliche Vereinigung
Freiherr-von-Langen-Straße 13
D-48231 Warendorf
Telefon: 02581/63620

Bundesfachverband für Reiten und Fahren
Geiselbergstraße 26
A-1110 Wien
Telefon: 01/7499261

Schweizer Verband für Pferdesport
Blankweg 70, Postfach
CH-3072 Ostermundingen
Telefon: 031/9315624

Über artgerechte Pferdehaltung können Sie sich hier informieren:

Laufstall-Arbeits-Gemeinschaft (LAG)
Ferstlstraße 15
D-85445 Oberding
Telefon: 0811/3612

FS-Testzentrum Reken
Frankenstraße 37
D-48734 Reken
Telefon: 02864/2434

Tips zum Weiterlesen und Weiterbilden

Zeitschriften:

- CAVALLO
- Freizeit im Sattel
- Pegasus
- Pferdemarkt
- Quarter Horse Journal
- Reiten regional
- Reiter Revue
- St. Georg
- Western Horse
- Western Horsemanship Magazine

Bücher:

Allgemeine Literatur:

- Bruns, Ursula/Tellington-Jones, Linda: Die Tellington-Methode – So erzieht man sein Pferd, Müller Rüschlikon Verlag
- Over, Uta: Zäumungen und Gebisse, Müller Rüschlikon Verlag
- Penquitt, Claus: Die Freizeitreiter-Akademie, Franckh Kosmos Verlag
- Penquitt, Nathalie: Pferdeschule, Franckh Kosmos Verlag
- Roth-Leckebusch, Petra: Augen auf beim Pferdekauf, Cadmos Verlag
- Tellington-Jones, Linda: Die Persönlichkeit Ihres Pferdes, Franckh Kosmos Verlag

Für Islandpferdebesitzer:

- Feldmann, Walter/Rostock, Andrea: Islandpferde-Reitlehre, Eigenverlag
- Unkel, Marion: Das Sommerekzem, Kierdorf Verlag

Für Westernreiter:

- Diakont, Kerstin/Maschalani, George: Besser Westernreiten, BLV Verlag
- Oelke, Hardy: Western Training, Kierdorf Verlag
- Roth-Leckebusch, Petra: Westernpferde, Cadmos Verlag

Kurse, die Sie besuchen sollten:

- TTEAM-Kurs
- Erste Hilfe bei Pferden
- Hufkurs für Anfänger
- Sattelseminar
- Geschicklichkeitsreitkurs/Trailkurs (Sie können auch als Englischreiter bei einem Westerntrailkurs mitmachen.)

Sachregister